아이의
긍정자산
만들기

What KIDS Need to SUCCEED?
Copyright © 2014 by Maribooks
Original edition published in 2012, 1998, 1994, by FreeSpirit Publishing Inc., Minneapolis, Minnesota, U.S.A., hwwp://www.freespirit.com under the title:
What Kids Need to Succeed(Revised & Updated 3rd Edition): Proven, Practical Ways to Raise Good Kids.
All rights reserved under International and Pan-American Copyright Conventions.

Korean translation copyright © 2014 Maribooks
This Korean editon is published by arrangement with The University of Chicago through Yu Ri Jang Literary Agency, Seoul, Korea.

이 책의 한국어판 저작권은 유리장 에이전시를 통해 저작권자와 독저 계약한 마리북스에 있습니다. 신 저작권법에 의해 한국 내에서 보호를 받는 저작물이므로 무단 전재와 무단 복제를 금합니다.

아이의 긍정자산 만들기
WHAT KIDS NEED TO SUCCEED?

피터 벤슨, 주디 갤브레이스, 패멀라 에스펠란드 지음
유영희 옮김

마리북스

아이들에게
'좋은 경험'을 쌓게 해주어라!

What Kids Need to Succed?

이 책에 소개된 아이들을 키우는 데 꼭 필요한 아이디어들은 단순하면서도 깊이가 있다. 처음에는 아이들에게 '좋은 경험'을 쌓게 하는 것이 '나쁜 일'을 막아주는 것만큼, 어쩌면 그보다 더 중요한 일이 아닐까 하는 소박한 생각에서 시작했다. 20년 뒤 그 생각은 모든 아이들이 인생에서 더욱 성공할 수 있도록 돕기 위한 광범위한 연구와 세계적인 운동으로 발전했다.

이러한 생각을 처음 품은 사람은 25년 가까이 나의 멘토이자 동료이자 친구였던 피터 벤슨Peter Benson이다. 안타깝게도 그는 2011년 10월 2일 세상을 떠났다. 《아이의 긍정자산 만들기》의 최신 개정판은 피터 벤슨을 추모하고, 청소년들이 더욱 건강히고 행복하게 성공하기를 바랐던 그의 유산을 계승하기 위해 세상에 나왔다.

세계 각국 아이들 300만 명 이상의 연구로 탄생

이 책의 초판은 1990년대 초 서치연구소Search Institute와 프리스피리트 출판사Free Spirit Publishing가 공동으로 기획했다. 그 당시 피터 벤슨은 아이들의 긍정자산과 어떻게 하면 그 긍정자산을 만들 수 있는지에 관한 새로운 연구를 시작했다(책을 읽으면 알겠지만, 긍정자산은 아이들이 성공하려면 무엇이 필요한지를 이해하는 데 필요한, 연구 조사를 통해 밝혀진 기본 틀이다). 이 책의 편집자인 주디 갤브레이스Judy Galbraith와 패멀라 에스펠란드Pamela Espeland는 자신들이 가진 풍부한 지식과 재능으로 부모와 교사, 어른들에게 자산 만들기에 관한 구체적인 지혜를 전하는 데 많은 역할을 했다. 실제로 수많은 사람들이 자산 만들기를 실천하는 데 많은 도움을 주었다.

이 일을 시작하고 지금까지 서치연구소는 미국과 세계 각국의 아이들 300만 명 이상의 자산을 연구해왔다. 이번 개정 3판에는 어린이와 10대 8만 9,000명을 대상으로 한 가장 최근의 설문 조사에서 수집된 자료가 반영되어 있다. 그러나 이러한 연구만큼이나 의미 있는 것은 자산을 만들어나가기 위해 노력을 기울인 많은 사람이 실제로 인생을 변화시켰다는 사실이다. 다음은 그중 몇 가지 사례이다.

Q 캘리포니아 주 산호세에서는 수천 명의 부모가 자산에 기초한 아이 키우는 법을 배우고 서로 지원하기 위해 각 가정을 돌며 정기

적으로 모인다. 그들은 자녀들에 대한 기대와 걱정을 털어놓으며 그들 자신도 성장해간다. 또한 자녀들을 지원하고, 경계를 설정하거나 강화하며, 소중한 가치들을 가르치는 일을 포함해 다양한 문제들에 관해 의견을 나눈다. 프로그램 진행자는 "이러한 모임을 통해 부모들은 중요한 차이를 가져올 작은 일들을 실천해야겠다는 확신을 갖게 된다"고 말한다.

○ 긍정자산에 영감을 받은 콜로라도 YMCA는 초등학교 6학년생 전원에게 자산 만들기 프로그램에 참여할 수 있는 1년 무료 회원 자격을 주기 시작했다. 중학생이 되는 과정을 잘 넘기고 또래와 어른 역할 모델들로부터 '평생의 기술을 배우고 발전시키고 강화하는 법'을 배우도록 하기 위해서이다.

○ 왕립 캐나다 기마경찰대는 청소년들이 잘못을 저질렀을 때뿐만 아니라, 옳은 일을 했을 때에도 그들과 긴밀한 관계를 유지하기 위해 자산 만들기에 기초해서 접근하고 있다.

○ 캘리포니아 주에서 메인 주에 이르기까지 학교 선생님들은 학생들의 학업 성취 격차를 줄이고 더 많은 학생이 잘 성장할 수 있도록 돕기 위해 자산 만들기를 활용하고 있다. 더불어 학생들에게 지도자의 역할을 맡기고, 학생과 교사 간의 관계를 강화하며, 모

든 학생이 안전하게 학습할 수 있는 학교 분위기를 만들고 있다.

Q 방글라데시의 한 가난한 마을에 사는 여학생들은 자산 만들기 프로그램을 통해 세상에 목소리를 높이고 새로운 기회를 발견하기 시작했다.

> 새로운 아이디어들이 떠오르면 그것을 떨쳐내기가 무척 어렵다.
> 여러분이 어디에 살고 어떻게 시간을 보내는지에 대해 이전과는 다르게 생각하기 시작한다.
> 이 책은 여러분 안으로 들어와 여러분을 변화시킬 것이다.

Q 긍정자산에 영감을 받은 오클라호마 주의 청소년들은 매체언어 교육 프로그램을 만들어 공유함으로써, 어린이와 10대들이 매체에 대한 통제권을 갖고 광고의 메시지를 그대로 받아들이는 대신 문제를 제기하도록 했다.

Q 캐나다 토론토의 한 남학교는 긍정자산을 활용하여 건전한 학교 분위기를 조성하고 학생들이 학교생활에 더욱 적극적으로 참여할 수 있도록 돕는다. 이러한 접근법은 다른 학교에서도 이 학교에 대표단을 파견해 비결을 배워갈 정도로 큰 성공을 거두고 있다.

Q 자산을 정책의 토대로 활용하는 버지니아 주 햄프턴 시는 청소년

들을 도시기획자로 고용해 공무원이나 정치가들과 함께 햄프턴을 아이들이 자라기에 가장 이상적인 도시로 만들기 위한 연구와 제안을 하게 했다. 코네티컷 주 미들타운 역시 12개 시 위원회 활동에 청소년들을 참여시키고 있는데, 이는 시장이 미들타운 청소년의 겨우 19퍼센트만이 지역사회가 자신들을 가치 있게 여긴다고 생각한다는 사실을 알고 나서 일어난 변화였다.

그 밖에도 성공적인 예는 무수히 많다. 이는 훌륭한 사람들이 힘을 모아 아이들의 성공적인 성장을 돕는다는 증거이므로 좋은 소식이라고 할 수 있다. 문제는 아직 가야 할 길이 멀다는 점이다. 여전히 많은 아이들이 긍정자산이라는 강력한 기반을 충분히 갖추지 못하고 있다. 이 책의 자료를 포함해 계속되는 연구들이 하나같이 보여주는 사실은 아이들은 평균적으로 필요한 자산의 겨우 반 정도를 가지고 있다는 것이다. 또한 이보다는 더 나은 결과를 얻을 수 있고, 또 반드시 그래야만 한다. 우리는 아이들을 위해, 그들과 함께 자산을 만드는 자기만의 방법을 찾을 필요가 있다. 이 책은 그 일을 하는 데 필요한 아이디어와 영감을 제공해줄 것이다.

20년 이상 지속되는 성공

한 아이디어가 20년 이상 계속 실행되는 경우는 그리 많지 않다. 최초로 자산^asset에 대한 개념이 나왔던 해인 1990년에 GM은 새턴 자동차를 처음 출시했다. 마거릿 대처는 영국의 총리 자리에서 물러났고 동독과 서독은 통일을 이루었으며, 제1차 걸프 전쟁이 터지기 전이었다. 같은 해 '월드와이드웹^www'이란 용어

> 기술, 정치, 과학, 대중문화 분야의 많은 변화에도 자산 만들기는 그것이 처음 세상에 소개된 지 20년이 더 지난 지금까지 여전히 중요한 의미를 지닌 채 활발히 실행되고 있다.
> 이 아이디어가 이처럼 '계속 실행되는' 이유는 무엇일까?

가 탄생했으나 사람들 대부분은 이메일이나 인터넷을 아직 접해보지 못했다. 본 조비, 빌리 조엘, 가스 브룩스가 라디오를 점령하고 많은 사람이 소니의 워크맨으로 카세트테이프를 듣던 시절이었다. 기술, 정치, 과학, 대중문화 분야의 많은 변화에도 자산 만들기는 그것이 처음 세상에 소개된 지 20년이 더 지난 지금까지 여전히 중요한 의미를 지닌 채 활발히 실행되고 있다. 이 아이디어가 이처럼 '계속 실행되는' 이유는 무엇일까?

나 또한 부모로서 내 개인적인 경험에 근거해 이 질문에 답할 수 있다. 우리의 첫아들은 서치연구소가 긍정자산에 관한 아이디어를 처음 내놓은 해에 세상에 태어났다. 그래서 우리 부부는 부모로서나 가족으로서 어떤 선택을 할 때 자산을 기준점으로 삼기로 했다. 긍정자산은 우리가 부모 역할을 하는 동안 매년, 사실은 매일 우리를 도왔다. 새로운 아이디어들이 떠오르면 그것을 떨쳐내기가 무척

어렵다. 여러분은 이제 아이 키우기에 대해 이전과는 다르게 생각할 것이다. 어디에 살고 어떻게 시간을 보내는지에 대해 이전과는 다르게 생각하기 시작하는 것이다. 아이의 말을 들어주고 곁을 지켜주는 일을 전과는 다른 방식으로 하게 된다. 여러분은 이 책을 사서 읽은 다음 그냥 책꽂이에 꽂아놓지 않을 것이다. 이 책은 여러분 안으로 들어와 여러분을 변화시킬 것이다.

나에게도 그런 변화가 일어났다. 나는 여러분이 부모든 교사든 청소년 지도자든 이웃이든 할머니 할아버지이든, 아이들에게 헌신적인 다른 누구든, 나와 똑같은 변화를 경험하게 되길 바란다. 우리는 모두 피터 벤슨, 서치연구소, 프리스피리트 출판사와 함께하는 이 일에 각자 나름의 역할을 맡고 있다. 그것은 한 번에 한 사람, 한 가족, 한 지역에서 시작해 아이들을 위한 더 나은 세상을 만드는 일이다.

미네소타 주 미니애폴리스
서치연구소 소장대리 겸 대표
유진 로엘커퍼테인

차례

프롤로그
아이들에게 '좋은 경험'을 쌓게 해주어라!

들어가는 말
아이들에게 정말 필요한 것은 무엇일까?
부모와 자녀를 위한 체크리스트

I 외적자산 만들기

PART 1

지원

01 가족의 지원 … 50
02 가족 간의 긍정적인 대화 … 54
03 다른 어른들과의 관계 … 58
04 관심을 기울이는 이웃 … 62
05 관심을 기울이는 학교 분위기 … 67
06 부모의 학교 교육 참여 … 71

긍정자산 만들기 … 75

PART 2
역량 강화

07 아이들을 소중히 여기는 지역사회 … 78
08 자원으로서의 아이들 … 83
09 다른 사람을 위한 봉사 … 87
10 안전 … 91

긍정자산 만들기 … 96

PART 3
경계와 기대

11 가족의 경계 … 100
12 학교의 경계 … 104
13 이웃의 경계 … 108
14 역할 모델이 되는 어른들 … 112
15 또래의 긍정적인 영향 … 116
16 높은 기대 … 120

긍정자산 만들기 … 125

PART 4
건설적인 시간 활용

17 창조적인 활동 … 128
18 청소년 프로그램 … 132
19 종교단체 … 136
20 가정에서 보내는 시간 … 139

긍정자산 만들기 … 143

II 내적자산만들기

PART 5
학습에 전념하기

21 성취동기 … 148
22 학교 참여 … 153
23 과제 … 158
24 애교심 … 162
25 즐거운 책읽기 … 166

긍정자산 만들기 … 170

PART 6
긍정적인 가치

26 배려 … 174
27 평등과 사회 정의 … 179
28 성실 … 183
29 정직 … 187
30 책임 … 192
31 절제 … 196

긍정자산 만들기 … 201

PART 7
사회적 역량

32 계획과 결정 ··· 204
33 대인관계 역량 ··· 209
34 문화적 역량 ··· 214
35 저항의 기술 ··· 218
36 평화적인 갈등 해결 ··· 223

긍정자산 만들기 ··· 227

PART 8
긍정적인 정체성

37 개인적 역량 ··· 230
38 자존감 ··· 234
39 목적의식 ··· 238
40 미래에 대한 긍정적인 전망 ··· 242

긍정자산 만들기 ··· 246

에필로그
자산 만들기에 도전해보라

부록
10대들에게: 너만의 자산을 만들어라

아이들에게
정말 필요한 것은 무엇일까?

What Do Kids Really Need?

20여 년 전 《아이의 긍정자산 만들기》의 초판이 출간된 이후 세상은 많은 것이 변했다.

당시에는 누구도 인터넷이 이 정도로 우리와 우리 아이들의 삶에 깊숙이 들어오리라고 예상하지 못했다. 페이스북이나 트위터라는 말은 들어보지도 못했고, 구글 검색이란 것에 대해서도 전혀 아는 바가 없었다. 사람들 대부분은 아이들이 스마트폰이나 노트북을 두드리며 이렇게 많은 시간을 보내리라고는 상상하지 못했다. 이러한 현상은 우리에게 여러 가지 유익과 편리함을 제공하지만, 이로 인해 파생되는 또 다른 고민과 문제들을 낳고 있기도 하다.

이처럼 빠르게 변화하는 세상에서도 변하지 않는 한 가지가 있는데, 그것은 아이들에 대한 우리의 관심이다. 우리는 자신과 이웃의 자녀는 물론 학교 학생들과 우리 사회의 모든 아이들을 걱정한다. 누구나 집단 따돌림이나 학교 부적응, 성적 비관, 음주, 흡연, 폭력, 10대 임신, 식이장애, 자살 등 깜짝 놀랄 만한 이야기들을 신문에서 읽거나 방송에서 들어봤을 것이다. 뉴스에서 우리가 손을 쓸 수 없을 정도로 많은 문제를 안고 사각지대에서 분노에 가득 찬 아이들의 모습을 발견하곤 때로는 무력함을 느끼기도 했을 것이다. 그럴 때면 대체 이 아이들을 위한 전문가들이나 사회단체의 프로그램이나 대책 같은 것은 없을까 생각하게 된다.

이런 문제들이 너무나 심각해서 좌절하고 절망하며 두려움을 느낄 수도 있다. 하지만 좋은 소식이 있다. 만약 아이들의 삶에 놀라운 변화를 가져올 구체적인 방법을 안다면 어떻겠는가? 게다가 그 방법이 효과가 있다는 증거를 직접 보게 된다면?

이 책의 주장은 결코 과장이 아니다. 여러분이 책을 읽으며 발견하게 될 긍정적 변화를 위한 강력한 아이디어이다. 여러분이 여기에 나오는 아이디어들을 실천하려고 노력한다면 여러분의 아이들은 물론 여러분 주변의 모든 아이들, 더 나아가 궁극적으로 모든 사람을 위한 더 나은 미래를 만들어낼 수 있을 것이다.

아이들의 성공적인 인생을 위해 정말 무엇이 필요한지 궁금한가? 정답 또한 놀라운 정도로 단순해 보일지 모른다. 아이들에게 정말 필요한 것은 관심을 기울이는 어른들이다.

모든 시작이 된 설문 조사

이 책의 아이디어들은 20년 넘게 지속해오고 있는 설문 조사와 축적된 자료에 근거한다. 1989년 9월부터 1990년 3월까지, 초등학교 6학년에서 고등학교 3학년 학생들을 대상으로 '학생 생활 평가: 태도와 행동'이라는 제목으로 152개 항목에 대한 설문 조사를 실시했다. 설문 조사를 실시한 곳은 미네소타 주 미니애폴리스에 있으며 어린이와 10대에 관한 연구를 전문으로 하는 비영리 단체인 서치연구소로, 루터교도들을 위한 금융지원과 지역 봉사의 기회를 제공하는 비영리 법인 루터교조합의 국가 프로그램 리스펙틴 RespecTeen의 지원을 받았다.

첫 설문 조사에 25개 주 111개 지역의 학생 4만 6,000여 명이 참여했다. 결과는 1990년 루터교조합이 공개했으며, 1993년에는 서치연구소가 '험난한 여정: 중1~고3 학생들의 초상'이라는 제목으로 발표했다.

이후에도 설문 조사는 계속되어 소도시, 교외 지역, 대도시 혹은 양부모 가정, 한부모 가정, 입양 가정 혹은 빈곤층, 중산층, 부유층을 불문하고 33개 주 600개 지역 25만 명 이상의 학생들이 서치연구소 설문 조사에 참여했다. 1994년에 출간된 이 책의 초판은 이러한 설문 조사 결과를 바탕으로 한 것이다.

1996년에는 아이들의 삶과 관련해 더 많은 정보를 얻기 위해 설문 내용을 개정·보완했다. 아이들의 성공적인 인생을 위해 무엇이 필요한지를 배우고 싶어 하는 곳은 해마다 늘었다. 지금까지 미국을 비롯한 각 나라의 수천 개 지역사회에서 300만 명 이상의 아이들이 설문 조사에 참여했다. 이 책(개정 3판)의 사실과 수치들은 2010년에 시행한 설문 조사에 기초한 것으로, 26개 지역 8만 9,000명의 아이들이 참여했다.

긍정자산이 아이들의 인생을 결정하다

20여 년 전에 서치연구소가 최초로 설문 조사 결과를 분석했을 때 우리는 자연스럽게 이러한 물음을 떠올렸다.

'왜 어떤 아이들은 평탄한 인생을 살아가고 어떤 아이들은 힘든 인생을 살아갈까?'

'왜 어떤 아이들은 사회에 유익한 일을 하고 어떤 아이들은 해로운 일에 빠져들까?'

'왜 어떤 아이들은 불우한 환경의 덫에 걸려들고 어떤 아이들은 어려움을 극복할까?'

우리는 경제적인 능력, 유전적 특징, 정신적 외상처럼 아이들이 인생에서 성공을 거두거나 어려움을 겪는 데 영향을 미치는 다양한 요소가 있음을 발견했다. 이러한 요수들은 바꾸기 어렵거나 바꾸는 게 아예 불가능할 수는 있지만 결정적인 것은 아니다. 설문 조사의 결과는 어려움을 겪으며 살아가는 아이들과 건강하고 풍요롭게 살

> 아이들이 성공하기 위해 정말 필요한 것은 무엇일까?
> 아이들에게 정말 필요한 것은 관심을 기울이는 어른들이다.

아가는 아이들을 가르는 핵심 요소는 우리가 '긍정자산'이라고 부르는 것을 가지고 있느냐(또는 없느냐)에 달렸다는 사실을 보여준다.

일반적으로 자산은 '재산' 또는 '자원'으로 정의된다. 우리는 그것이(그것은 특히 인간 발달의 구성 요소이다) 아이들의 인생에서 자산처럼 작용하기 때문에 그 용어를 선택했다. 자산은 안정감을 가져다주고 시간이 지날수록 그 가치가 늘어나며, 어린이나 10대가 인생의 굽이굽이마다 꺼내 쓸 수 있는 중요한 자원이다. 자산은 아이들이 현명한 결정을 하고 긍정적인 길을 선택할 수 있게 해준다. 또한 다른 사람들을 배려하고 유능하고 책임감 있는 사람으로 자라도록 도와준다. 자산은 축적되는 것이므로 아이들이 더 많은 자산을 가질수록 좋다.

우리가 확인한 '긍정자산'은 처음에 30개였다가 지금은 40개가 되었다. 이들 자산은 모든 아이들의 삶에 꼭 필요한 좋은 것이다. 처음 20개는 외적 자산으로서 아이들을 지원하고, 키우고, 역량을 강화하고, 경계와 기대를 설정하고, 시간을 건설적으로 활용할 수 있게 돕는 아이들의 환경(가정, 학교, 주변환경)에 관련된 것이다. 외적 자산과 내적 자산에는 다음과 같은 것들이 있다.

: **지원** :

1. 가족의 지원
2. 가족 간의 긍정적인 대화
3. 다른 어른들과의 관계
4. 관심을 기울이는 이웃
5. 관심을 기울이는 학교 분위기
6. 부모의 학교 교육 참여

: **역량 강화** :

7. 아이들을 소중히 여기는 지역사회
8. 자원으로서의 아이들
9. 다른 사람을 위한 봉사
10. 안전

: **경계와 기대** :

11. 가족의 경계
12. 학교의 경계
13. 이웃의 경계
14. 역할 모델이 되는 어른들
15. 또래의 긍정적인 영향
16. 높은 기대

: 건설적인 시간 활용 :

17. 창조적인 활동

18. 청소년 프로그램

19. 종교단체

20. 가정에서 보내는 시간

: 학습에 전념하기 :

21. 성취 동기

22. 학교 참여

23. 과제

24. 애교심

25. 즐거운 책읽기

: 긍정적인 가치 :

26. 배려

27. 평등과 사회 정의

28. 성실

29. 정직

30. 책임

31. 절제

: 사회적 역량 :

32. 계획과 결정

33. 대인관계 역량

34. 문화적 역량

35. 저항의 기술

36. 평화적인 갈등 해결

: 긍정적인 정체성 :

37. 개인적 역량

38. 자존감

39. 목적의식

40. 미래에 대한 긍정적인 전망

지금 아이들은 이러한 긍정자산을 얼마나 가지고 있을까? 최소한 31개는 가지고 있어야 하지만 대부분은 20개 정도만 가지고 있을 뿐이다. 첫발은 내디뎠지만 아직은 터무니없이 적은 게 사실이다. 다음은 우리가 확인한 것을 도표(24쪽 상단)로 나타낸 것이다.

  우리는 또한 학년이 올라갈수록 자산 개수가 줄어드는 사실도 발견했다. 일반적으로 고학년은 저학년보다 자산 개수가 더 적으며, 남학생(18.8)은 여학생(21.3)보다 더 적다. 다음 도표(24쪽 하단)는 성별이나 학년을 통틀어 아이들이 가진 자산 비율이다.

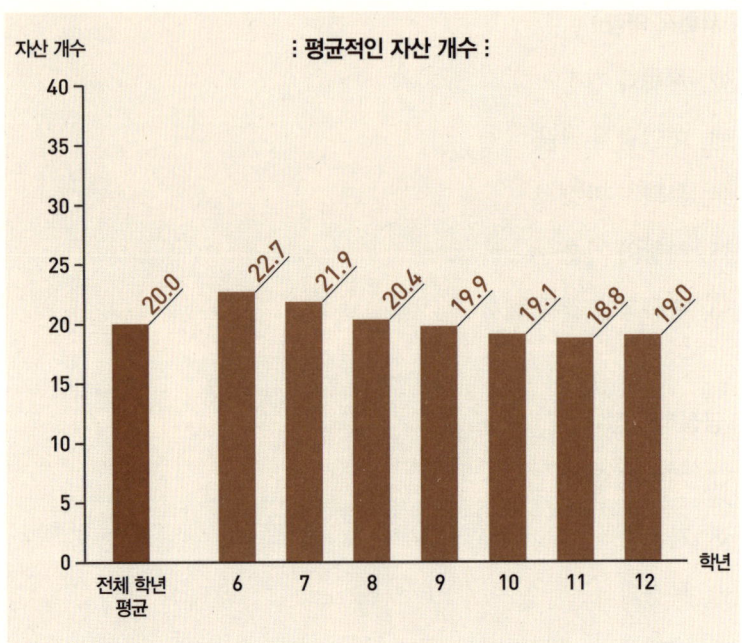

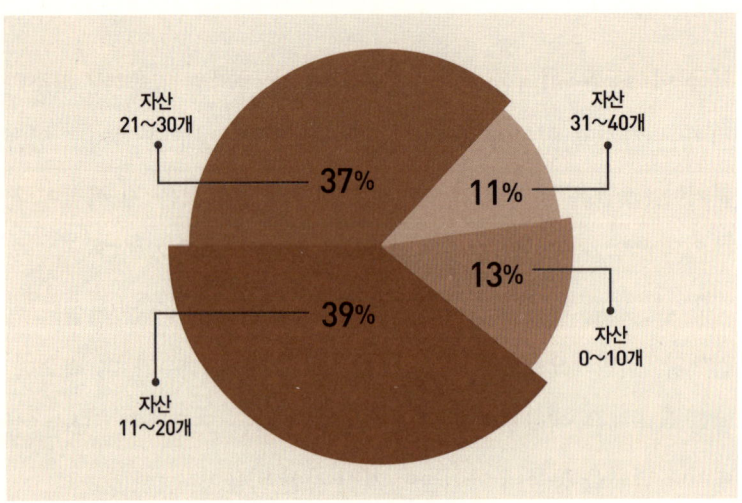

자산이 많을수록 문제 행동이 더 적다

우리는 자산이 아이들의 인생에 분명하고도 실질적인 영향을 미친다는 사실을 알고 있다. 그런데 자산의 총 개수가 중요하다는 것은 어떻게 알 수 있을까?

청소년기 혹은 성인이 되었을 때 그의 심리적, 육체적, 경제적 행복에 제한을 가할 위험이 있다고 여겨지는 몇몇 고위험 행동에 관한 설문 조사 결과를 보면 자산의 효과가 얼마나 강력한지 알 수 있다. 더 많은 자산을 가진 아이들일수록 문제 행동을 할 확률이 훨씬 더 낮게 나타난다. 다음 도표를 보자.

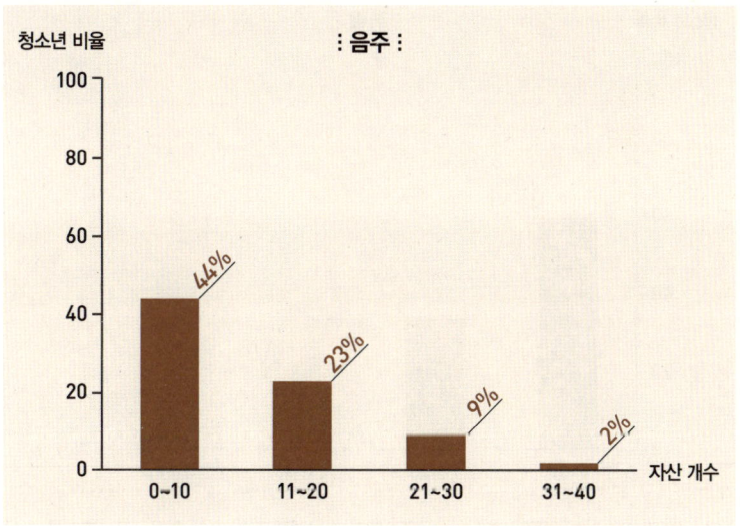

*지난 한 달 간 3번 이상 술을 마셨거나 지난 2주간 한 번 이상 술에 취한 적이 있다.

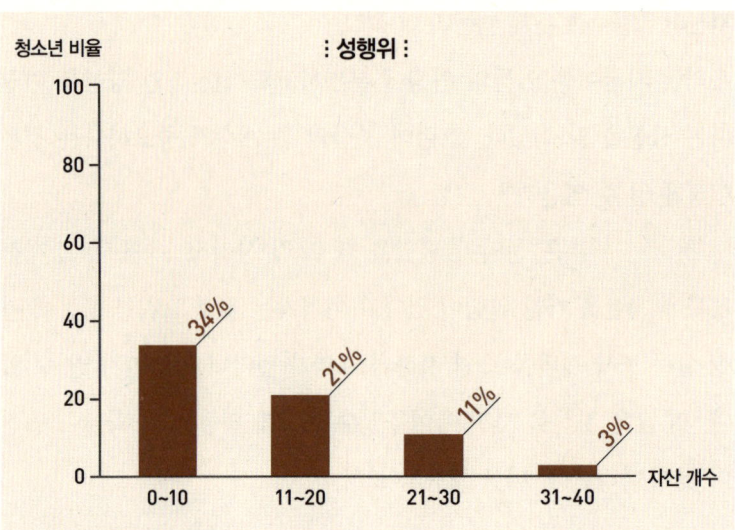

*지금까지 성행위를 3번 이상 했다.

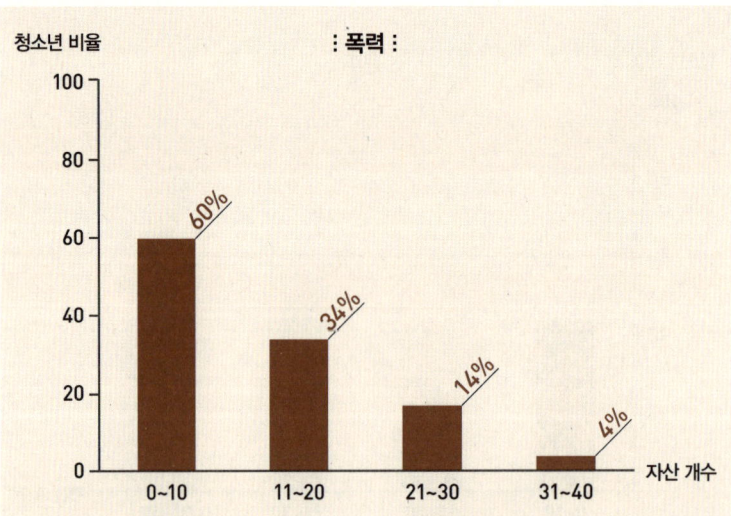

*지난 1년간 3번 이상 싸움을 했거나 사람을 때리고 상해를 입힌 적이 있다. 또는 흉기를 소지 했거나 사용한 적이 있다. 신체에 위해를 가하겠다고 위협한 적이 있다.

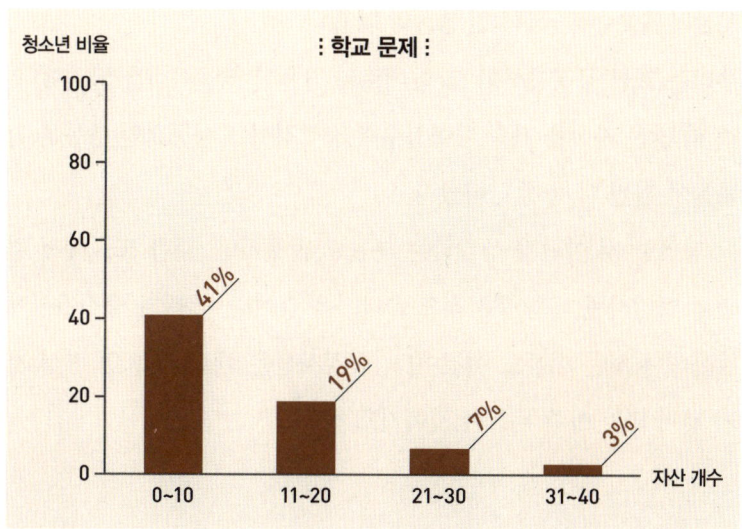

*지난 한 달간 2번 이상 학교에 결석했거나 평균 C학점 아래로 성적이 떨어진 적이 있다.

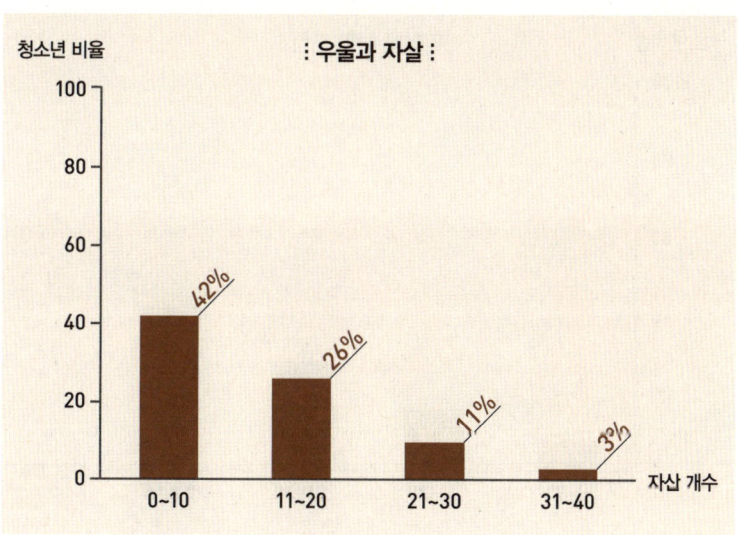

*자주 우울했고(했거나) 자살 시도를 한 적이 있다.

자산이 많을수록 긍정적인 행동이 더 많다

우리는 또한 긍정자산이 그 반대로도 작용한다는 사실을 발견했다. 즉 더 많은 자산을 가진 아이일수록 긍정적이고 성공적인 행동을 할 확률이 훨씬 더 높게 나타났다.

당연한 것 아닌가 생각하는 분들도 많겠지만, 다음 도표에서 결과를 확인하면 더욱 구체적으로 다가올 것이다. 우리가 긍정자산에 주목해야 하는 이유도 이것이다. 긍정자산은 한 번 쌓으면 평생 자기 것이 되는 아주 든든한 것이기도 하다.

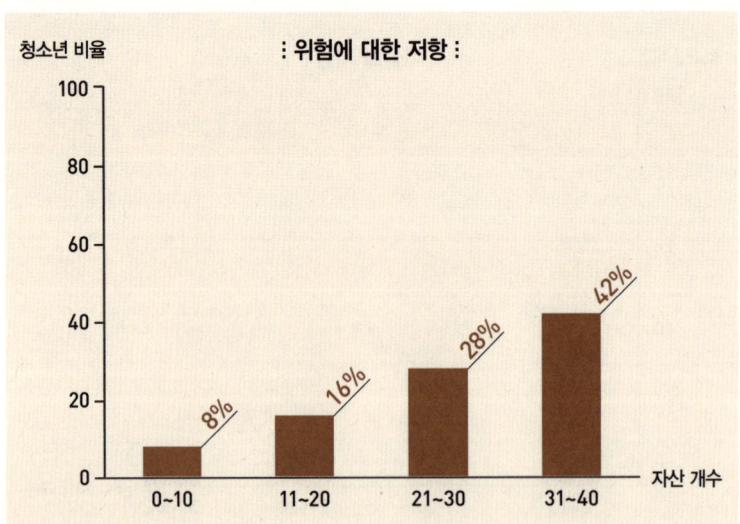

*위험한 일을 피한다.

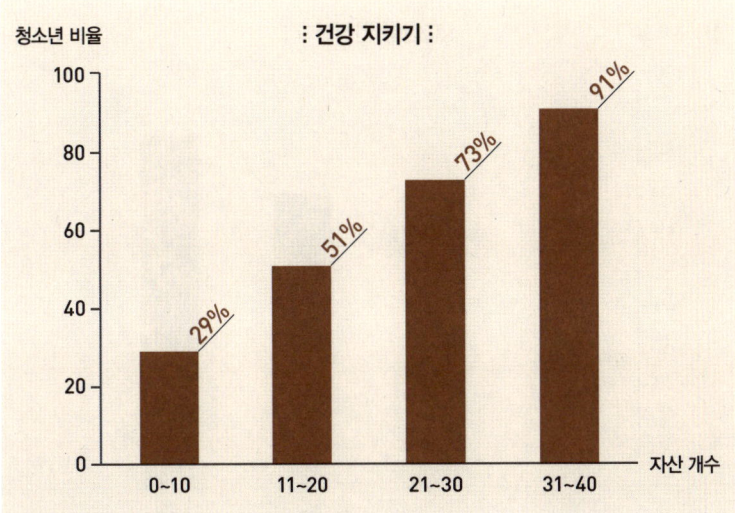

*균형 잡힌 영양과 운동에 관심을 기울인다.

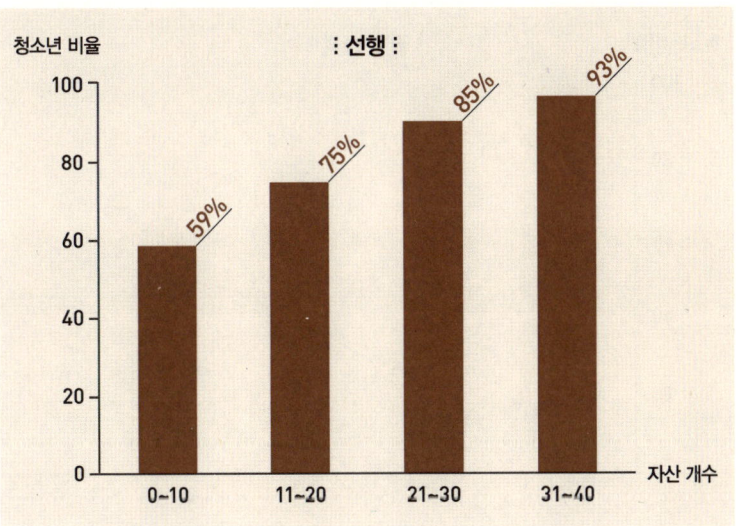

*1주일에 1시간 이상 친구나 이웃을 돕는다.

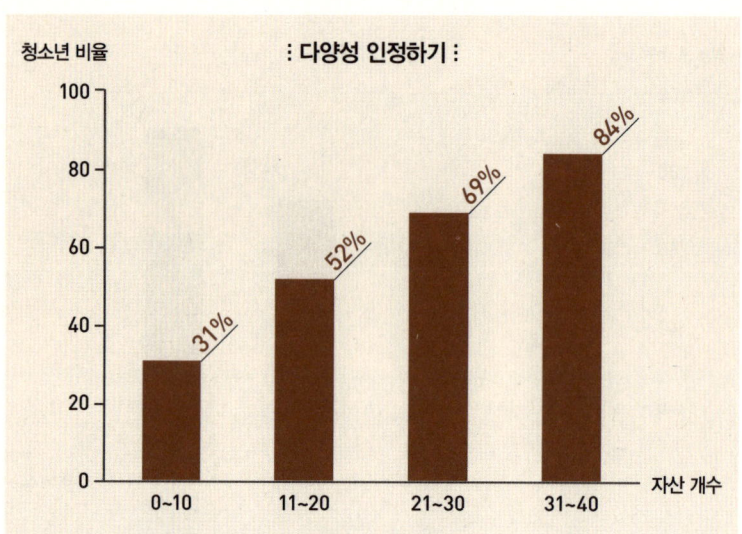

*다른 인종·민족 사람들을 이해하는 일을 중요하게 생각한다.

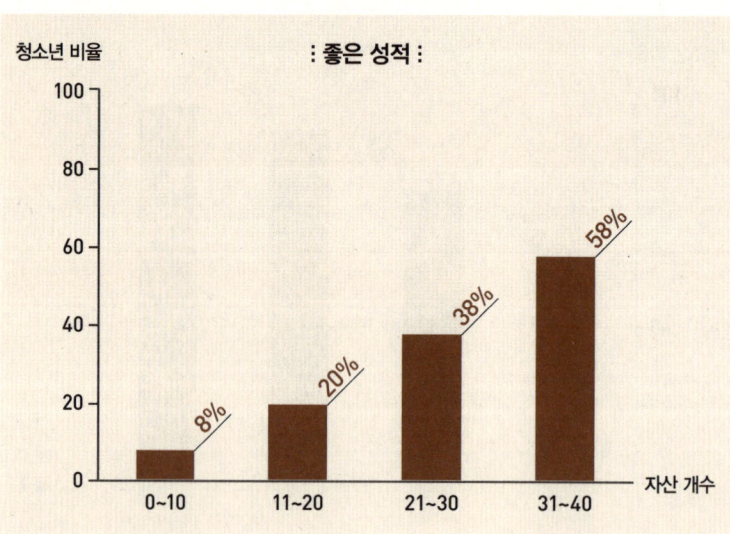

*대부분의 과목에서 A학점을 받는다.

자산 만들기 전문가가 되어라

《아이의 긍정자산 만들기》는 자산에 대한 자세한 설명과 함께 아이들의 자산 만들기를 도와줄 실용적이면서도 확실한 조언을 해준다. 21~23쪽의 목록에서 보듯이 자산들은 별로 복잡하지 않으며 대부분 거의 돈이 들지 않는다. 어쩌면 여러분은 그중 상당수를 이미 실천하고 있는지도 모른다. 이 책에서 어떤 획기적이거나 특별한 아이디어를 발견하지 못할 수도 있다. 그보다는 아이들을 능력 있고 책임감이 있으며 헌신적이고 남을 도울 줄 아는 훌륭한 사람으로 키우는 것에 관한 상식적인 방법들을 알게 될 것이다.

사실 아이들이 성공적으로 성장하는 데 필요한 중요 자산은 이것말고도 많지만, 그 시작으로서 여기에 제시된 목록은 부족하지 않을 것이다. 이러한 자산을 많이 갖게 되면 아이들의 삶이 지금보다 훨씬 윤택하고 풍요로워질 것이다. 여러분은 자산 만들기에 대해 진지하게 생각하면서 아이들에게 긍정적인 지원을 하는 다양한 방법을 찾게 될 것이다.

이 책에 제시된 아이디어가 모든 사람에게 효과가 있지는 않을 것이다. 한 가지 아이디어를 어떤 아이나 단체에 실행했다가 효과를 보지 못했다고 해도 좌절하거나 거기서 멈추지 않기를 바란다. 계속 읽어나가라! 이 책에는 가정과 학교, 지역사회, 종교단체가 실행할 수 있는 900개 이상의 아이디어가 수록되어 있다. 자신에게 맞는 것부터 하나씩 실행해보라.

다만, 주의해야 할 것은 아이디어를 실행하기에 앞서 여러분이 알아야 하거나 행동으로 옮겨야 할 모든 것이 설명되어 있지 않다는 점이다. 가령 어른 자원봉사자들을 모집해 학교와 지역사회, 종교단체 활동에 참여시키라는 조언이 있다면, 여러분은 아이와 어른 모두에게 적합한 시스템이 있는지 미리 확인해야 한다.

그리고 어른들이 아무리 아이들에게 관심을 기울이고 노력한다고 해도 아이들이 40개의 자산을 튼튼히 쌓기란 결코 쉽지 않을 수 있다. 하지만 아이들이 자산을 더 많이 가질수록 좋다는 사실을 잊어서는 안 된다. 이것은 단순한 희망이 아니라 설문 조사 결과를 바탕으로 한 명백한 사실이다.

오늘 당장 시작하라

여러분이 부모든 교사든 지역사회나 종교단체의 지도자든, 단순히 아이들을 돕고 싶어 하는 어른이든 오늘 당장 자산 만들기를 위한 계획을 시작할 수 있다. 아이들 성장에 관한 이러한 긍정적인 접근법은 비록 이러한 자산을 가진 아이들이 위기를 더 적게 겪긴 하지만, 위기 관리에 초점을 둔 것은 아니다. 또한 이들 자산을 가진 아이들이 문제를 더 적게 겪지만(혹은 만들어내지 않지만), 문제를 막고 예방하는 데 초점을 둔 것도 아니다. 그보다는 아이들에게 긍정적이고 건설적인 활동에 참여할 기회를 더 많이 제공하고 내면에서 그들을 이끌어줄 귀중한 가치와 방법을 알려주는 현명한 투자에 대한 것이다.

긍정자산을 뒷받침하는 아이디어들은 복잡하지 않지만 그렇다고 자산 만들기가 늘 간단하거나 하루아침에 이뤄지는 것은 아니다. 자산 만들기는 개인이나 지역사회 모든 차원에서 관심 있는 어른들의 헌신과 시간 투자가 요구되는 일이다. 분명한 효과가 있으므로 충분히 해볼 만하다.

이 책에는 부모, 학교, 지역사회, 종교단체가 시도해볼 만한 수백 개의 실용적인 아이디어들이 제시되어 있다. 지루한 논문이 아닌 실행 안내서를 만들고자 했으므로 아이디어들은 핵심만 간략히 기술했다. 이 책은 단계별 설명서나 입문서가 아니다. 따라서 여러분은 책에서 얻은 아이디어를 개인적인 상황에 맞게 어떻게 변형할까를 결정해야 할 것이다. 자산 만들기는 여러분이 그것을 지역사회와 아이들의 요구에 맞게 변형했을 때 가장 큰 효과와 성공을 거둘 수 있다.

따라서 실행에 옮기기 전에 여러분 자신, 그리고 동료 자산 만들기 전문가에게 몇 가지 중요한 질문을 던져보라.

'활용할 수 있는 자원은 무엇인가?'
'기존 프로그램과 활동에는 어떤 것들이 있는가?'
'다른 성인들은 여러분을 어떻게 도울 수 있는가?'
'아이들의 의견도 들어보라. 그들이 원하고 필요로 하는 것은 무

엇인가?'

'그들은 여러분을 어떻게 도울 수 있는가?'

경험을 통해 깨달은 사실은, 사람들이 자산에 대해 알고 인생을 바꿀 힘이 자신에게 있다는 사실을 깨달으면 즉시 행동에 나서고 싶어 한다는 것이다. 그럴 때 이 책을 출발점으로 삼아라. 가족, 친구, 이웃과 함께 지역사회에서 이 책에 제시된 아이디어들을 실행할 방안을 찾아보아라. 브레인스토밍을 통해 스스로 아이디어를 내보라.

부록 '10대를 위한 조언: 너만의 자산을 만들어라'는 가까운 청소년들과 함께 보라. 그들에게 설문 조사에 대해 설명하고 24~30쪽에 나오는 도표도 보여줘라. 아이들은 대부분 별다른 어려움 없이 인생에서 성공하기를 간절히 바란다. 이들 자산이 얼마나 강력한지를 알게 되면 아이들에게 자연스럽게 동기 부여가 되어 적극적으로 자신의 미래를 만들어나갈 결심을 하게 될 것이다.

다음은 자산을 만들 때 명심해야 할 여섯 가지 핵심 사항이다.

1. 누구나 자산 만들기에 참여할 수 있다.

어른, 청소년, 어린이 할 것 없이 모두 각자의 역할을 할 수 있다. 자산 만들기를 위해서는 주위의 한결같은 메시지가 필요하다.

2. 자산은 모든 청소년에게 필요한 것이다.

(경제적으로나 정서적으로) 자산을 가장 적게 가진 청소년에게 특별

히 관심을 기울여야 하지만, 모든 청소년은 더 많은 자산을 갖고 기존의 자산을 더욱 계발함으로써 많은 혜택을 얻을 수 있다.

3. 관계가 중요하다.

어른과 청소년, 청소년과 또래 친구들, 청소년과 어린이 간의 관계 형성은 자산 만들기의 중요한 핵심이다.

4. 자산 만들기는 계속된다.

자산 만들기는 태어나서 고등학교를 졸업할 때까지, 그리고 그 이후에도 계속된다.

5. 한결같은 메시지를 보내는 것이 중요하다.

아이들은 무엇이 중요하고 자신에게 무엇이 기대되는지 가족, 학교, 주변에서 한결같은 메시지를 받을 필요가 있다.

6. 의도적인 반복이 중요하다.

자산은 아이들의 인생 전반에 걸쳐 오랫동안 계속 강화되어야 한다.

이제 여러분 차례다

우리는 여러분의 성공담을 듣기를 원하며 아이들의 자산 만들기에 도움되는 제안을 기다린다. 이 책에 제시된 아이디어들이 여러분에게 어떻게 효과적이었는지, 여러분의 경험과 새로운 아이디어를 공유해주고, 이메일(help4kids@freespirit.com)로도 보내주었으면 한다.

이 책의 초판이 발간된 이후 20년 넘게 미국을 비롯한 전 세계의 관심 있는 어른들과 헌신적인 지역사회들이 자산 만들기를 실천해왔다. 이렇게 오랫동안 자산 만들기가 계속되고 모든 사회 구성원들이 모든 아이에게 더 훌륭하고 긍정적인 미래를 만들어주기 위해 계속 노력한다는 사실은 우리에게 가장 큰 희망이다.

이제 자산 만들기에 대한 본격적인 여정에 나서보자.

용어에 대해!

이 책의 핵심 용어인 '긍정자산'의 원래 용어는 '발달자산Developmental Assets'이다. 하지만 이 책에서는 독자들에게 더욱 친숙하게 다가가기 위해 '긍정자산'이라는 용어를 택했다.

아이의 주요 보호자에 대해서도 '부모들' 혹은 '부모'라는 용어를 사용했는데, 모든 아이가 양쪽 친부모 혹은 한쪽 친부모와 함께 사는 것은 아니다. 그런데도 '생물학적 부모, 양부모, 계부모, 위탁부모, 조부모, 보호자'등의 용어 대신 편의상 '부모' 혹은 '부모들'이라고 했다. 여러분이 만일 아이를 키우고 돌보는 어른이라면 이 책에서 말하는 '부모'는 바로 여러분을 가리키는 것으로 이해하면 된다.

또한 함께 예배를 드리는 사람들과 장소는 종교단체라는 용어를 사용했다. '회중' '교회' '절' '회당' '사원' '예배당'을 포함해 특정 종교를 지칭하는 다른 용어들 대신 이 용어를 선택했다. 이는 모든 종교단체와 전통을 포괄해 자산을 만들어나가는 일의 중요성을 강조하기 위해서이다.

이 책은 일반 독자를 대상으로 쓴 책이다. 따라서 여기서 얻은 정보를 다른 사람들과 공유하고 자산에 관해 토론하면서 여러분에게 자연스럽게 느껴지는 용어를 찾기를 바란다.

부모와 자녀를 위한
체크리스트

Add Up Your Assets
Checklists for Kids and Parents

우리가 조사한 자료를 보면 아이들은 전체 자산 40개 가운데 평균 20개의 자산을 가진 것으로 나타났다. 여러분이 부모라면 자녀가 자산을 몇 개나 가졌는지 궁금할 것이다. 다음 체크리스트를 통해 확인해보자.

이 체크리스트는 서치연구소 청소년 설문지 원본을 약간 변형한 것으로 관련 사이트(www.freespirit.com/success, www.maribooks.com 자료실)에서 누구나 무료로 내려받을 수 있다. 이 체크리스트는 긍정자산의 과학적 또는 정확한 측정을 위해 고안된 것이 아니며, 그러한 목적으로는 적절하지 않다는 점에 주의했으면 한다. 여기서는 논의와 지금 상태 파악을 위한 출발점으로 제시되었다.

또한 개인이나 교실 또는 비영리 단체에서 사용할 목적으로만

복사를 허용하며, 다른 용도로 사용하려면 출판사의 허락을 꼭 받아야 한다.

1. 먼저 체크리스트를 출력하거나 복사하라.

   자녀가 한 명 이상일 수도 있고, 이 책의 제안들을 실행해본 뒤 다시 점검해보고 싶을 수도 있으므로 책에 직접 표시하지 않는 방법을 추천한다.

2. 체크리스트를 완성하라.

   해당 항목에 체크한 다음 그 개수를 합산하라.

3. 체크리스트를 토대로 자녀와 토론하라.

   자녀가 예상보다 더 많거나 더 적은 자산을 가진 것으로 나타났는가? 자녀의 삶에 주어진 자산에 대해 여러분과 자녀가 서로 다른 의견을 갖고 있는가? 어쩌면 자녀의 말에 깜짝 놀라게 될지도 모른다. 그럴 때는 '내가 미처 몰랐구나! 좀 더 자세히 설명해주겠니……' 하는 식으로 대화를 발전시켜보라. 이처럼 체크리스트는 자녀와 대화를 나누고 새로운 발견을 할 좋은 기회를 제공한다.

그동안 체크리스트로 대화를 나눴던 부모와 아이들은 그 자체로 좋은 경험을 했다는 사실을 발견했다. 그러한 경험 역시 자산을 만들고 쌓아나가는 일이기 때문이다. 체크리스트를 보면서 진지한 대화를 나누는 동안 여러분은 자산 2인 '가족 간의 긍정적인 대화'를 강화한 셈이다.

체크리스트에서 각 항목의 번호는 자산 번호와 일치한다. 어린 시절에 잃어버린 것 같은 자산에 대해 알고 싶다면 그 자산을 만드는 방법을 설명한 페이지로 바로 찾아가면 된다.

자녀 체크리스트

여러분에게 해당하는 항목에 표시해보자.

☐ 1. 가족에게서 사랑과 지원을 받는다고 느낀다.
☐ 2. 부모나 보호자에게 조언과 지원을 요청할 수 있으며, 자주 함께 진지한 대화를 나눈다.
☐ 3. 조언과 지원을 얻기 위해 찾아갈 어른이 세 명 이상 된다(부모나 보호자 제외).
☐ 4. 이웃들은 나를 격려하고 지원해준다.
☐ 5. 학교는 관심을 기울이고 격려해주는 환경을 제공한다.
☐ 6. 부모나 보호자는 내가 학교생활을 잘할 수 있도록 도와준다.
☐ 7. 주위의 어른들이 나를 소중히 여긴다고 느낀다.

☐ 8. 주위 어른들에게 도움이 되는 역할을 맡고 있다.

☐ 9. 1주일에 1시간 이상 지역사회를 위해 봉사한다.

☐ 10. 가정과 학교와 동네에서 안전하다고 느낀다.

☐ 11. 가족은 내 행동에 분명한 원칙과 책임을 정해두고 있으며 항상 내가 어디에 있는지 알고 있다.

☐ 12. 학교는 내 행동에 분명한 원칙과 책임을 정해두고 있다.

☐ 13. 이웃들은 책임감을 갖고 내 행동을 지켜보고 있다.

☐ 14. 부모나 보호자, 그 밖에 다른 어른들은 늘 긍정적이고 책임감 있는 행동으로 모범을 보인다.

☐ 15. 가장 친한 친구들은 책임감 있는 행동으로 모범을 보인다.

☐ 16. 부모나 보호자, 교사들은 내가 잘할 수 있도록 격려해준다.

☐ 17. 1주일에 3시간 이상 음악, 연극, 기타 예술 수업을 듣거나 연습을 한다.

☐ 18. 1주일에 3시간 이상 학교나 지역사회의 스포츠 팀, 동아리, 단체 활동을 한다.

☐ 19. 1주일에 1시간 이상 종교 의식이나 종교단체 활동에 참여한다.

☐ 20. 1주일에 두 번 이하로 밤에 '특별한 이유 없이' 친구들과 어울린다.

☐ 21. 학교생활을 잘하고 싶다.

☐ 22. 새로운 것을 배우기를 좋아한다.

☐ 23. 학기 중에 매일 1시간 이상 숙제한다.

- ☐ 24. 학교 일에 관심이 있다.
- ☐ 25. 1주일에 3시간 이상 즐겁게 책을 읽는다.
- ☐ 26. 다른 사람을 돕는 것은 매우 중요한 일이라고 믿는다.
- ☐ 27. 평등을 드높이고 세계 빈곤과 기아를 줄이는 일을 돕고 싶다.
- ☐ 28. 내 신념에 따라 행동하고 내 믿음을 지키기 위해 노력한다.
- ☐ 29. 진실을 말하기 어려운 순간에도 진실을 말한다.
- ☐ 30. 내 행동과 결정에 개인적인 책임을 인정하고 받아들인다.
- ☐ 31. 성행위나 음주, 흡연을 하지 않는 것이 중요하다고 믿는다.
- ☐ 32. 미리 계획하고 결정을 내리는 일에 능숙하다.
- ☐ 33. 친구를 사귀고 관계를 지속하는 일에 능숙하다.
- ☐ 34. 문화와 인종, 민족적 배경이 다른 사람들을 알고 있으며 그들과 어울리는 데 불편함이 없다.
- ☐ 35. 또래 친구들의 부정적인 압력에 저항하고 위험한 상황을 피한다.
- ☐ 36. 갈등을 평화적으로 해결하려고 노력한다.
- ☐ 37. 내게 일어나는 많은 일을 스스로 잘 통제하고 있다고 믿는다.
- ☐ 38. 나 자신이 만족스럽다.
- ☐ 39. 내 삶에 목적이 있다고 믿는다.
- ☐ 40. 내 미래에 대해 낙관적이다.

부모 체크리스트

여러분에게 해당하는 항목에 표시해보자.

☐ 1. 나는 아이에게 아낌없는 사랑과 지원을 하고 있다.
☐ 2. 아이는 내게 조언과 지원을 요청할 수 있으며, 자주 함께 진지한 대화를 나눈다.
☐ 3. 아이는 조언과 지원을 얻기 위해 찾아갈 어른을 세 명 이상 안다.
☐ 4. 이웃들은 아이를 격려하고 지원해준다.
☐ 5. 아이의 학교는 관심을 기울이고 격려해주는 환경을 제공한다.
☐ 6. 나는 아이가 학교생활을 잘할 수 있도록 적극적으로 돕는다.
☐ 7. 아이는 주변의 어른들이 자신을 소중히 여긴다고 느낀다.
☐ 8. 아이는 주위 사람들에게 도움이 되는 역할을 맡고 있다.
☐ 9. 아이는 1주일에 1시간 이상 지역사회를 위해 봉사한다.
☐ 10. 아이는 가정과 학교와 동네에서 안전하다고 느낀다.
☐ 11. 우리 가족은 행동에 분명한 원칙과 책임을 정해두고 있으며 항상 서로 어디에 있는지 알고 있다.
☐ 12. 학교는 아이의 행동에 분명한 원칙과 책임을 정해두고 있다.
☐ 13. 이웃들은 책임감을 갖고 내 아이의 행동을 지켜보고 있다.
☐ 14. 나는 늘 긍정적이고 책임감 있는 행동으로 모범을 보이는데,

아이가 아는 다른 어른들도 마찬가지다.

☐ 15. 아이의 가장 친한 친구들은 책임감 있는 행동으로 모범을 보인다.

☐ 16. 나는 아이가 잘할 수 있도록 늘 격려하는데, 아이의 교사들도 마찬가지이다.

☐ 17. 아이는 1주일에 3시간 이상 음악, 연극, 기타 예술 수업을 듣거나 연습을 한다.

☐ 18. 아이는 1주일에 3시간 이상 학교나 지역사회의 스포츠 팀, 동아리, 단체 활동을 한다.

☐ 19. 아이는 1주일에 1시간 이상 종교 의식이나 종교단체 활동에 참여한다.

☐ 20. 아이는 1주일에 두 번 이하로 밤에 '특별한 이유 없이' 친구들과 어울린다.

☐ 21. 아이는 학교생활을 잘하고 싶어 한다.

☐ 22. 아이는 새로운 것을 배우기를 좋아한다.

☐ 23. 아이는 학기 중에 매일 1시간 이상 숙제한다.

☐ 24. 아이는 학교 일에 관심이 있다.

☐ 25. 아이는 1주일에 3시간 이상 즐겁게 책을 읽는다.

☐ 26. 아이는 다른 사람을 돕는 것은 매우 중요한 일이라고 믿는다.

☐ 27. 아이는 평등을 드높이고 세계 빈곤과 기아를 줄이는 일을 돕고 싶어 한다.

☐ 28. 아이는 자신의 신념에 따라 행동하고 자신의 믿음을 지키기 위해 노력한다.
☐ 29. 아이는 진실을 말하기 어려운 순간에도 진실을 말한다.
☐ 30. 아이는 자신의 행동과 결정에 개인적인 책임을 인정하고 받아들인다.
☐ 31. 아이는 성행위나 음주, 흡연을 하지 않는 것이 중요하다고 믿는다.
☐ 32. 아이는 미리 계획하고 결정을 내리는 일에 능숙하다.
☐ 33. 아이는 친구를 사귀고 관계를 지속하는 일에 능숙하다.
☐ 34. 아이는 문화와 인종, 민족적 배경이 다른 사람들을 알고 있으며 그들과 어울리는 데 불편함이 없다.
☐ 35. 아이는 또래 친구들의 부정적인 압력에 저항하고 위험한 상황을 피한다.
☐ 36. 아이는 갈등을 평화적으로 해결하려고 노력한다.
☐ 37. 아이는 자신에게 일어나는 많은 일을 잘 통제하고 있다고 믿는다.
☐ 38. 아이는 자신을 만족스럽게 여긴다.
☐ 39. 아이는 자신의 삶에 목적이 있다고 믿는다.
☐ 40. 아이는 자신의 미래에 대해 낙관적이다.

I
외적자산 만들기
BUILDING EXTERNAL ASSETS

PART 1

지원 SUPPORT

아이들은 가족을 비롯해 많은 사람들로부터 관심과 사랑과 지원을 받아본 경험을 해야 한다. 또 언제든 지원을 아끼지 않는 긍정적인 조직과 기관도 필요하다.

지원 자산 여섯 가지는 다음과 같다.
1. 가족의 지원
2. 가족 간의 긍정적인 대화
3. 다른 어른들과의 관계
4. 관심을 기울이는 이웃
5. 관심을 기울이는 학교 분위기
6. 부모의 학교 교육 참여

아이들은 더 많은 사랑과 지원을 받고 어른들과 활발히 교류할수록 더욱 건강하게 자랄 가능성이 높다.

: 자산 01 :
가족의 지원

아이들은 주위의 어른들이 자신들을 소중히 여긴다고 느낀다.

25%의 아이들이 이러한 자산을 가진 것으로 조사되었다.

가정에서

- 더 많이 안아주고 더 많이 칭찬하라. 말하지 않아도 알 거라 생각하지 말고 아이를 얼마나 사랑하는지 말과 행동으로 표현하라.
- 바라보는 눈길이나 말의 표현 방식, 목소리, 태도로 아이에게 사랑을 표현하라.
- 모든 10대 아이가 부모와의 포옹이나 입맞춤을 싫어하는 것은 아니다. 어떻게 하는 게 더 좋은지 물어보고 아이가 허용하는 범위를 존중해주라.

- 최소한 하루에 한 번은 함께 식사하라.
- 최소한 1주일에 한 번은 가족 활동을 위해 저녁 시간을 할애하라. 가족과 함께 브레인스토밍brainstorming(특정 주제에 대해 여러 사람이 동시에 자기 생각을 자유롭게 제시하는 창조적 집단사고 방식 _옮긴이)을 하고 원하는 일 목록을 작성한 다음, 구체적인 실행 아이디어 몇 가지를 정하라. 가족들의 제안을 열린 마음으로 받아들이고 자녀의 관심사를 기꺼이 공유하라.
- 자녀가 가끔은 다른 형제자매의 공연이나 스포츠 경기 또는 다른 활동에 참여하도록 하라.
- 자녀 한 명 한 명과 개인적인 시간을 가져라. 방과 후 10분, 저녁 시간 30분, 토요일 아침 1시간과 같이 규칙적인 일과로 정해 놓으면 좋다. 자녀와 보내는 시간이 여러분에게 아주 중요하다는 사실을 자녀가 알게 하라.
- 어떻게 하면 아이와 아이의 친구들에게 가정이 더 편안하고 안락한 장소가 될 수 있는지 아이의 의견을 들어보고, 문제 해결을 위해 노력하라.
- 아이들은 어른들을 보면서 사랑하는 법을 배운다. 자기 자신과 배우자를 사랑으로 대하라.
- 자녀의 가장 열렬한 팬이 되어라.

학교에서

- 학부모에게 자녀를 지원하는 방법을 교육하고, 상담교사나 사회복지사에게 더 나은 방법이 있는지 조언을 구하라.
- 학부모에게 아이의 태도나 발전에 대해 메일이나 전화로 정기적으로 긍정적인 메시지를 전하고, 아이의 행동 중에 칭찬이나 격려가 필요한 부분이 있다면 알려라. 한 달에 한 번이나 학기 중에 서너 번, 혹은 기회 있을 때마다 그렇게 하라.
- 학급회의나 학부모회의 시간에는 긍정적인 부분에 초점을 맞춰 이야기하라.

지역사회에서

- 학부모에게 긍정적인 자녀 키우기에 대한 강연이나 워크숍을 제공하라. 전문가를 초청해 자녀에게 사랑과 지원을 보여주는 방법에 관해 강연하게 하고, 학부모들이 서로 아이디어와 경험을 공유할 수 있게 하라.
- 가정의 위기 대처를 위한 긴급전화를 지원하고 홍보하라. 이러한 시스템은 갈등을 겪는 가족 구성원들에게 마음을 '안정시키는' 기회를 제공한다. 긴급전화 상담사들에게 가족 간의 갈등에 대처하는 적절한 방법을 교육하고, 부모들이 취할 수 있는 여러 가지 대비책을 마련해 안내하라.

Q 아이가 전화를 걸면 그곳이 사무실이든 문화센터든 체육관이든 상관없이 부모가 아이의 전화를 받는 일을 다른 무엇보다 최우선으로 여기도록 하라.

청소년·종교단체에서

Q '가족의 밤' 행사를 청소년 정규 프로그램으로 개설하라.
Q 어린이와 가족의 기념일을 후원하라.
Q 부모 교육을 종교단체 교육 프로그램의 일부로 정기적으로 제공하라.
Q 청소년 프로그램을 지나치게 많이 계획하지 않도록 주의하라. 가족이 함께 시간을 보내는 것이 무엇보다 중요하다는 사실을 명심해야 한다.

: 자산 02 :
가족 간의 긍정적인 대화

> 아이들은 부모에게 조언과 지원을 기대한다. 가족은 다양한 주제로 자주 깊은 대화를 나누며, 부모는 아이가 원할 때마다 언제든 대화 상대가 되어준다.

32%의 아이들이 이러한 자산을 가진 것으로 조사되었다.

가정에서

- 아이가 원하면 언제 어디서든 대화에 응하라. 일을 하는 중이었다면 가능한 한 빨리 대화할 수 있는 시간을 약속하라. 아이의 행동을 살펴라. 아이가 주변을 맴돈다면 하고 싶은 이야기가 있다는 뜻일 가능성이 높다.
- 아이가 말할 때 진지하게 잘 들어라. 아이가 부모의 마음에 들지 않는 말을 할 수도 있다는 사실을 받아들여라. 아이의 의견이나

믿음, 감정, 경험 등에 '어리석은' '멍청한' '유치한' '잘못된' 등과 같은 표현을 쓰지 마라.

◦ 자주 대화하는 습관을 들여라. 아이에게 날마다 무슨 일을 했고 무슨 생각을 했는지 물어보고 여러분의 일과도 들려줘라.

◦ 저녁 식사 시간에 종종 특정 주제에 초점을 맞춰 대화를 나눠보라. 그 주제로 가족들의 생각을 브레인스토밍해보고, 다음에 한 사람 한 사람 돌아가면서 한 가지씩 주제를 정해보라.

◦ 1주일에 1시간은 자녀와 함께 보내라. 가능하면 하루를 함께 보내라. 아이는 부모와의 특별한 시간을 소중히 간직할 것이다.

◦ 1주일에 한 번이나 한 달에 한 번쯤 함께 게임을 하며 저녁 시간을 보내라. 보드게임은 대화를 이끌어내는 데 훌륭한 도구가 될 수 있다. 게임을 하면서 아이는 하고 싶지만 부끄러워 말하지 못했던 주제에 관해 한결 편안하게 이야기를 꺼낼 수 있게 된다.

◦ 여러분이 '언급을 금지한' 주제가 적을수록 아이는 더 많은 이야기를 하게 될 것이다. 모르는 질문에 대해서는 아이가 스스로 답을 찾도록 도와라. 인터넷을 검색하거나 도서관을 방문하고 전문가에게도 물어보아라.

◦ 아이가 편안해하는 장소에서 대화하라. 또 가만히 앉아 있는 것을 힘들어하는 아이도 있다는 사실을 잊지 마라. 그런 아이에게 대화를 위해 '얌전히 앉으라'고 강요해서는 안 된다.

◦ 중요한 일에 대해서는 아이의 의견이나 조언을 요청하라.

학교에서

- 부모와의 대화를 과제에 포함하라. 예들 들어 학교에서 1990년대에 일어난 사건에 관해 배운다면 부모를 인터뷰하라는 과제를 내줄 수 있다. "1995년에 엄마는 어디서 뭘 하고 계셨어요?"라는 식으로 말이다.
- 대답하기 어려운 질문이나 민감한 주제를 어떻게 다뤄야 하는지에 관한 정보를 학부모에게 제공하라. 상담교사나 사회복지사에게 집단 따돌림, 음주, 흡연, 청소년 임신, 성행위, 자살, 그 밖에 민감한 주제들에 관한 안내 자료나 소책자가 있는지 확인하라. 부모들은 이러한 주제와 관련해 아이들과 대화를 나누고 싶어 하지만 무슨 이야기를 어떻게 해야 하는지 잘 모르는 경우가 많다.
- 학생들과 소통함으로써 그들이 다른 사람들과 소통하는 법을 배울 수 있게 하라.
- 학생들이 다양한 감정을 다양한 단어로 표현하는 감정 어휘를 기를 수 있게 도와라. 감정을 탐구하고 표현하는 수단으로 포스터, 영화, 문학, 온라인 자료 등을 활용하라.

지역사회에서

- 부모와 자녀를 위한 '토론의 밤'을 개선하라. 토론 주제를 미리 알려주는 것도 좋다.

- 부모에게 자녀가 어려운 주제에 관해 대화하기를 원할 때 어떻게 대처해야 할지 가르쳐라. 관련 주제에 관한 지역 워크숍과 모임을 제공하라. 전문가를 초청해 아이의 연령별 대화법을 강연하게 하라.
- 아이와 부모가 함께할 수 있는 활동과 이벤트를 후원하고 대화의 시간을 마련하라.

청소년·종교단체에서

- 저녁 식사, 수련회, 토론 등 부모와 자녀가 함께 대화할 수 있는 이벤트를 계획하라.
- 예배 게시판에 부모와 아이가 대화를 시작할 때 하면 좋을 만한 질문 유형을 게시하고, 부모와 청소년을 위한 토론 그룹을 후원하라.
- 아이와 부모에게 대화의 기술을 가르쳐라. 각 가정에 아이디어와 제안을 담은 편지를 보내는 것도 좋다.
- 부모들에게 조언을 해주고 이야기를 들어주는 친구가 있다는 사실을 알려라. 부모들 역시 대화 상대가 필요하다.

: 자산 03 :

다른 어른들과의 관계

아이들은 부모 외에 다른 어른에게 조언과 지원을 요청할 수 있다는 사실을 알고 있으며, 그들과 자주 진지한 대화를 나눈다. 주변에 이러한 어른이 서너 명 있으면 좋다.

50%의 아이들이 이러한 자산을 가진 것으로 조사되었다.

가정에서

- 믿을 만한 이웃이나 좋아하는 선생님, 혹은 아이가 편안해하고 함께 있는 것을 좋아하는 친척 등 다른 어른들과 시간을 보낼 기회를 제공하라.
- 어른들이 후원하는 단체나 팀 가운데 어린이와 10대들에게 공개된 곳에 가입해 활동하도록 격려하라.
- 자녀가 흥미를 보이는 일이나 취미 활동, 혹은 아주 좋아하는 일

이 있다면 관심사가 비슷한 여러분의 지인들과 만날 수 있게 자리를 마련하라.
- 다른 가족들과 함께 여행을 떠나라.
- 사교 모임에 친구들을 초대할 때 여러분의 자녀와 친구들의 자녀도 포함시켜라.
- 이웃과 지역사회의 일에 참여하고, 만나는 사람들에게 자녀를 소개하라.
- 학교와 청소년 단체, 종교단체에서는 상담교사나 정신과 의사 등 상담 전문 인력을 배치해두고 있다. 자녀가 그들을 만나 대화하도록 격려하고, 절대 자녀가 '문제아' 혹은 '이상한 아이'여서 그들을 만나는 것이 아님을 분명히 알려라. 아이는 다른 사람에게 이야기하는 것만으로도 고민이 한결 가벼워질 것이다.
- 자녀에게 정기적으로 만나는 어른이 있는지 물어보라. 예를 들어 교사, 코치, 동호회 지도자, 과외 선생님, 관리인, 이웃, 친척, 친구 부모 등이 여기에 해당할 것이다. 그들에게 아이에게 관심을 기울이고 보살펴준 데 대해 간단하게나마 감사 편지를 써라.
- 자녀의 친구들에게 관심을 갖고 그들을 종종 집에 초대하라.

학교에서

- 할 말이 있는 학생은 언제든 찾아올 수 있도록 교무실 문을 활짝

열어놓아라. 수업 전후로 가능한 한 자주 학생들의 면담 요청을 받아들여라.

- 학급회의나 일대일 면담 때 반드시 학생 개인에 관한 질문을 한 개 이상 하는 시간을 가져라.
- 학생들과 대화하는 시간을 낭비로 생각하지 마라.
- 가끔은 학생들과 교내 식당에서 점심을 먹어라.
- 동아리나 학생회 활동에 후원 교사가 되어라.
- 학부모에게 아이들과 기꺼이 대화를 나눌 교사가 있다는 사실을 알려라.
- 학부모 및 지역사회 어른들과 함께 아이들을 위한 멘토링, 인턴십, 자원봉사 프로그램 등을 실시하라.

지역사회에서

- 지역 프로그램으로든 개인적으로든 최소한 한 명의 어린이나 청소년과 지속적으로 친밀한 관계를 맺어라. 이웃이나 일터에서 만나는 아이들과 대화를 나눠라.
- 코치를 비롯한 성인 지도자들에게 아이들과 효과적으로 대화하는 방법을 가르치고, 그들이 교류하는 아이들과 잘 알고 지내도록 격려하라.
- 아이와 어른이 함께 일하고 놀 수 있는 기회를 마련하라.

Q 관심을 기울이는 어른과 아이를 연결하는 멘토링 프로그램을 제공하고, 멘토를 자원하라.

Q 아이들이 흥미를 느끼는 분야에서 일해볼 수 있도록 직업 체험 프로그램을 후원하라.

Q 아이들과 성인 자원봉사자들을 연결해 지역의 봉사 프로젝트에 함께 참여시켜라.

청소년·종교단체에서

Q 성인 자원봉사자들에게 아이들의 고민 상담 방법을 교육하고, 아이들이 언제든 이들의 도움을 받을 수 있다는 사실을 알려라.

Q 종교단체 내 멘토링 프로그램을 후원하라.

Q 아이와 어른이 서로를 더 잘 이해할 수 있도록 세대 간 교류 프로그램을 계획하라.

: 자산 04 :

관심을 기울이는 이웃

아이들은 이웃이 자신들을 지원하고 격려하며 보살핀다고 느낀다.

40%의 아이들이 이러한 자산을 가진 것으로 조사되었다.

가정에서

- 이웃에게 자녀를 소개하라. 이웃을 잘 모른다면 여러분이 먼저 다가가 인사를 하고 자신을 소개하라.
- 새로운 이웃에게 떡이나 케이크 등을 돌리며 인사하는 전통을 되살려라.
- 이웃과 친해져라. 함께 식사하거나 만나는 자리를 마련하고 거리를 청소하고, 음식을 준비해 소풍을 가고, 야외에서 음식을 만들어 먹는 것도 좋다. 아이와 어른이 같이 참여하는 활동을 계획하

고, 지역 단체나 동네 방범 사업, 기타 동호회에 가입하거나 혹은 그러한 단체를 만들어라.
- 이웃에 사는 아이들의 이름을 기억하고, 길에서 마주치면 반갑게 이름을 부르며 인사하라.
- 이웃 아이들에게 관심을 보여라. 이웃을 만나면 자녀의 안부를 묻고 긍정적인 말을 들려줘라.
- 적어도 이웃 아이 다섯 명과 잘 알고 지내라.
- 자원봉사자(노인이나 대학생, 주부)를 모집해 통학버스 정차 구역에서 아이들과 함께 버스를 기다려라.
- 자녀가 이웃을 위해 봉사할 방법을 찾도록 격려하라.

학교에서

- 학생들에게 어떻게 하면 이웃과 더 잘 지낼 수 있는지 방법을 찾도록 하라.
- 학생들이 이웃과 활발하게 교류할 수 있는 프로젝트를 구상하라. 학생들에게 이웃을 인터뷰한 뒤 새로 알게 된 사실을 보고서로 작성하게 하는 것도 좋은 방법이다.
- 학생들이 스스로 이웃에 봉사할 방법을 찾도록 격려하라. 다 함께 브레인스토밍을 해보는 것도 좋다.
- 학교가 학생 대부분이 근처에 사는 '지역 학교'든 아니든 지역 주

I 외적 자산 만들기

민들과 좋은 관계를 맺어라. 지역 주민들을 위해 학교를 개방하고 지역 단체 및 사업체들과 제휴를 맺는 것도 좋다. 강당을 주민들의 모임 장소로 제공하고 시간을 조절해 지역 청소년과 일반인이 체육관 시설을 이용할 수 있게 한다.

Q 학생들이 이웃에게 봉사할 기회를 제공하라. 여러 지역 단체에 연락해 앞으로의 활동 계획을 알아보고, 학생들이 도울 일이 있는지 물어보라.

Q 학부모뿐만 아니라 지역 주민들도 학교를 위해 봉사할 수 있게 하라. 할머니 할아버지들을 학교로 초대해 학생들과 함께 점심을 먹으며 대화를 나누게 하는 것도 좋다.

지역사회에서

Q 친구와 이웃이 근처에 사는 아이들에게 관심을 기울이게 하고 그들의 일을 중요하게 생각하도록 격려하라.

Q 지역 주민 행사, 즉 주민 축제, 저녁 식사 모임(집집마다 음식을 각자 가지고 와서 함께 먹고 즐기는 것도 좋음), 친목 모임(관심사가 비슷한 사람들이 만나는 다양한 모임), 가을 축제, 카니발 등을 후원하라.

Q 지역 어린이와 청소년을 위해 농구 동아리 같은 비공식 활동을 만들어라.

Q 이웃 아이들이 여러분의 집을 도움을 청하고 여러 가지 지원을

받을 수 있는 '안전한 집'으로 생각하게 하라.

◯ 아이들과 함께 공공 텃밭, 놀이터, 공원 등을 만들어라.

◯ 지역 웹사이트를 제작하고, 지역 신문이나 소식지, 안내책자 등을 발간하라.

◯ 청소년들이 지역의 모금 행사에 참여하도록 권유하라. 아이들이 지역에 있었으면 하고 바라는 것(스케이트보드를 탈 수 있는 장소, 공공 텃밭 등)과 바라지 않는 것(거리 낙서, 쓰레기 등)을 확인하고, 목표 모금액과 함께 프로젝트를 제안하라.

◯ 지역 단체들을 지원하라. 동네 방범 프로그램 강화를 위해 협력하라.

◯ 인근 지역의 주민 대표들과 만나 어떻게 하면 아이들에게 관심을 기울일 수 있는지를 고민하라. 이러한 과정에 아이들도 참여시켜라.

청소년·종교단체에서

◯ 종교단체의 모든 회원이 지역 청소년들과 잘 알고 지내도록 격려하라. 이웃의 관심이 어린이와 10대 청소년들에게 얼마나 중요한지 강조하고, 실천 아이디어를 제시하라.

◯ 어린이와 청소년들이 이웃과 좋은 관계를 맺도록 격려하라. 아이들이 이웃을 초대할 수 있도록 저녁 식사 모임이나 친목 모임, 기

타 사교모임을 마련해주는 것도 좋은 방법이다.
- 이웃을 위해 좋은 일을 하라. 어른과 청소년을 위한 모임을 후원하고, 어린이 놀이방이나 방과 후 프로그램을 시작하며, 아이들에게 이웃을 위한 봉사 활동 기회를 제공한다.

: 자산 05 :
관심을 기울이는 학교 분위기

아이들은 학교가 자신들을 지원하고 격려하며 보살핀다고 느낀다.

35%의 아이들이 이러한 자산을 가진 것으로 조사되었다.

가정에서

- 아이에게 학교에 대해 어떻게 생각하는지 물어보라. 아이는 학교가 자신에게 관심을 기울이며 보살펴준다고 여기는가? 그렇게 생각하는 이유, 혹은 그렇게 생각하지 않는 이유는 무엇인가? 구체적인 이유를 설명해보게 하라.
- 학교에서 특히 많은 관심을 기울여주는 사람들이 있는지 물어보고 그들에게 감사 편지를 보내라. 아이와 함께 편지를 쓰고 아이의 말을 덧붙이면 더 좋다.

◎ 학부모·교사 모임에 가입하고, 가능한 한 열심히 참여하라.
◎ 아이의 선생님을 집으로 초대해 음식을 대접하라.
◎ 아이의 학교 자원봉사 활동에 참여하라. 예를 들어 수업 진행을 돕고, 독서나 수학을 지도하고, 도서관이나 미디어 센터에서 봉사하고, 현장 학습이나 학교 행사에 동행하는 것 등이다.
◎ 교사들의 훌륭한 가르침에 감사를 표시하라.

학교에서

◎ 어떤 경우에도 남을 괴롭히거나 무시하는 행위를 용납하지 마라. 서로 존중하고 배려하는 분위기를 장려하고, 그에 대한 기대를 명확히 하라.
◎ 가능한 한 많은 학생의 이름을 기억하고, 만나면 반갑게 이름을 부르며 인사하라.
◎ '그저 대화'를 원하는 학생들을 위해 점심 시간이나 자습 시간, 혹은 방과 후에 토론 모임을 시작하라.
◎ 학생들과 친밀하게 지내면서 관심사나 취미, 열정, 목표, 희망, 꿈 등을 물어보라.
◎ 학생들을 의사결정 과정에 참여시켜 학교에 대한 소속감을 높여라. 학생들 스스로 교과 목록이나 학칙을 정하고 식당, 체육관, 운동장, 미디어 센터 개선 방안을 마련하며, 특정 문제를 해결하

기 위한 학생위원회를 구성하게 한다.
- 학생, 교사, 교육행정가, 직원, 방문객, 학부모, 자원봉사자를 비롯해 모든 사람이 환영받는 학교 분위기를 조성하라.
- 학생, 교사, 교육행정가, 직원이 다 함께 즐겁게 어울리며 단합할 수 있는 방과 후 활동을 계획하라.
- 학교 분위기에 대한 학생들의 의견을 듣기 위해 학교 차원에서 설문 조사를 실시하라. 질문 목록과 설문 형식 등을 정할 때 학생들을 참여시켜라. 설문에는 다음과 같은 질문이 포함될 수 있다. '학교에서 가장 마음에 드는 점은 무엇인가?' '학교에서 가장 불만인 점은 무엇인가?' '더 좋은 학교를 만들기 위해 바꾸고 싶은 것은 무엇인가?' 설문 조사 결과를 정리해 공표하라. 그런 다음 잘못된 점을 개선하고 조사를 통해 수집된 아이디어를 실행하기 위해 학생·교사·직원으로 구성된 위원회를 만들어라.

지역사회에서

- 지역 내 학교를 지원하라. 학생들에게 많은 관심을 기울인다고 알려진 학교들을 인정하고 칭찬하라. 학급 인원을 줄이고 시설을 개선하자는 취지의 투표에 찬성표를 던져라.
- 지역 신문이나 텔레비전 방송, 웹사이트에 학생들에게 많은 관심을 기울이는 학교, 교사, 교육행정가들에 관한 이야기를 소개

하라.
- 학생들에게 관심을 기울이는 학교를 주제로 지역사회 포럼을 개최하고, 교육행정가들을 초대하라. 지역 학교가 학생들을 훌륭히 지원하고 교육하는 방안에 대해 주민들의 의견을 구하라.
- 학부모뿐만 아니라 모든 어른에게 학교 자원봉사 활동을 권하라.

청소년·종교단체에서

- 학생들에게 관심을 기울이는 학교를 주제로 원탁회의를 개최하라. 학부모와 아이들을 초대해 문제와 아이디어를 공유하고, 회의 결과를 요약하고, 지역 학교들과 의견을 교환하라.
- 종교단체 내에 교사나 교육행정가, 그 밖에 교육자가 있는지 확인하고, 그들의 노력을 인정하고 칭찬하라.
- 회원들에게 학교 자원봉사 활동을 권하라.
- 청소년 단체가 봉사활동을 계획할 때 항상 지역 학교들을 고려하라. 아이들은 벽에 페인트칠을 하거나 낙서를 지우고, 잡일을 하고, 시설물을 수리하고, 어린 학생들을 가르치는 등 다양한 방법으로 일을 도울 수 있다.

: 자산 06 :
부모의 학교 교육 참여

부모는 자녀가 학교생활을 잘할 수 있도록 적극적으로 돕는다. 자녀와 학교생활에 관해 자주 대화하고 종종 과제를 도와주며 학교 행사에 참여한다.

33%의 아이들이 이러한 자산을 가진 것으로 조사되었다.

가정에서

- 최소한 1년에 한 번 이상은 자녀의 교사를 만나 상담하고, 두 달에 한 번은 메일이나 전화로 대화를 나눠라.
- 아이가 학교에서 뭘 배우는지 정기적으로 묻고 적절한 방법으로 과제를 도와라. 특별한 보고서를 작성하려는 아이에게 제안이나 조언을 해주고 도서관에 데려다주는 식으로 도와주는 것도 좋다. 다만 보고서를 대신 써주어서는 안 된다.

◦ 학교 일정표를 받으면 가족 일정표에 학교 기념일이나 주요 행사를 표시하라. 학교 행사에 참석하는 것을 중요한 가족 행사로 여겨라.

◦ 학교의 학부모·교사 모임에 가입하라. 봉사활동에 많은 시간을 낼 수 없다면 그렇다고 솔직히 말하고 회의에는 가능한 한 참석하도록 하라.

◦ 학교를 돕기 위해 할 수 있는 일을 자원하라. 부모교사$^{room\ parent}$(학부모가 자원하여 여러 가지 학급 활동을 도와주는 _옮긴이)나 학교 행사 후원을 자원하고, 학교 위원회 활동에도 참여한다.

◦ 학교 환경이나 행사에 문제가 있다면 교사나 교육행정가에게 알려라. 만약 여러분의 의견이 받아들여지지 않으면 다른 학부모들과 바람직한 해결 방안을 논의하라.

◦ 일반적으로 학부모들은 자녀가 초등학생일 때 교육에 많은 관심을 기울이다가 중·고등학생이 되면 관심이 줄어드는 경향이 있다. 자녀가 학교에 다니는 동안에는 교육에 관심을 기울이도록 하라.

학교에서

◦ 최소한 1년에 한 번 이상은 학부모에게 개인적으로 연락하라.

◦ 학부모자문위원회를 구성해 학교 정책 결정에 관한 정보를 제공

하고 학부모들의 의견을 구하라.
- 학생들의 학급 활동과 수업 내용을 담은 가정통신문을 학부모들에게 자주 발송하라.
- 학급 소식지를 발행해왔다면 한 부를 더 발행해 학생들이 부모들에게 가져다줄 수 있게 하라. 또는 학급 웹사이트를 개설해 학부모들도 볼 수 있게 하라.
- 학교 행사를 알리는 전용 웹사이트나 이메일 서비스를 시작하고, 학부모와 가족들의 참여를 적극 환영하라.

지역사회에서

- 미리 학교와 스케줄을 조정해 학부모와 아이들이 학교 행사와 지역사회 행사 중에 하나를 선택해야 하는 일이 생기지 않게 하라.
- 가족 초청 행사나 학부모·교사 회의가 있는 날은 학부모들이 걱정 없이 행사에 참여하도록 아이들을 위한 행사를 제공하라.
- 직장인들이 학교 자원봉사 활동에 필요한 시간을 낼 수 있도록 배려하라.

청소년·종교단체에서

- 청소년을 위한 행사는 중요한 학교 행사와 겹치지 않게 계획하라.

- 학부모들이 자녀의 학교생활에 관심을 표현하고, 자녀가 학교에 대해 갖는 걱정이 무엇이든 잘 들어주도록 격려하라.
- 자녀의 학교 교육에 적극적이고 지속적으로 참여하는 방법을 주제로 학부모 워크숍을 개최하라.

긍정자산 만들기

콜로라도 주에 사는 학부모이자 교육가인 린 스탬보Lynn Stambaugh는 건강한 지역사회는 아이들에게 관심을 기울이고 책임감 있는 어른들로 인해 시작된다는 믿음을 갖고 있었다. 그리고 아이들의 삶에 이러한 어른들이 얼마나 중요한 역할을 하는지 누구보다 잘 이해했다.

어느 해 그녀는 교사를 비롯하여 코치, 청소부, 음악 교사 등 자신의 아이와 정기적으로 만나는 모든 어른의 이름을 적었다. 그리고 그들 한 명 한 명에게 정성스럽게 편지를 썼다.

"당신은 아이들을 보살펴주는 어른으로서…… 아이들이 '어른으로 자라기 위해 힘겨운 싸움을 하는' 시기에(그들의) 인생에 아주 중요한 역할을 해주었습니다."

그러고는 '긍정자산'에 관해 설명한 뒤 이렇게 덧붙였다.

"당신은 세상에 변화를 가져왔습니다. 노력과 헌신에 감사드립니다."

그녀의 편지는 '놀라운 반응'을 일으켰다. 편지를 받은 많은 사람들이 그녀에게 다시 편지나 전화로 감사의 마음을 전해오거나 그녀의 네 자녀에게 특별한 애정을 보여주었다.

그 일을 회상하며 그녀는 이렇게 말했다.

"편지의 힘은 놀라웠습니다. 편지로 인해 아이들의 삶에서 중요한 가족과 다른 어른들이 진심으로 대화를 시작하게 되었거든요."

PART 2

역량 강화 EMPOWERMENT

아이들은 더 많은 권한을 부여받을 필요가 있다. 지역사회는 아이들을 소중히 여기고, 그들이 다른 사람들의 행복을 도울 수 있도록 기회를 제공해야 한다. 그러기 위해 아이들은 안전해야 하고 안전함을 느껴야 한다.

역량 강화 자산 네 가지는 다음과 같다.
7. 아이들을 소중히 여기는 지역사회
8. 자원으로서의 아이들
9. 타인을 위한 봉사
10. 안전

아이들은 부모나 이웃, 사회로부터 더 소중히 여겨지고 스스로를 더 소중히 느낄수록, 그래서 역량이 강화될수록 더욱 건강하게 자랄 가능성이 높다.

: 자산 07 :
아이들을 소중히 여기는 지역사회

아이들은 지역사회 어른들이 자신을 소중히 여긴다고 느낀다.

25%의 아이들이 이러한 자산을 가진 것으로 조사되었다.

가정에서

- 아이들에게 언제 자신이 소중한 사람으로 느껴지는지 물어보라. 아이들은 1) 어른들이 함께 시간을 보내줄 때, 2) 어른들이 자신의 말에 귀 기울이고 진지하게 받아들일 때, 3) 어른들이 의견을 구할 때 자신을 소중한 사람이라고 여긴다고 답할 것이다.
- 아이들의 더욱 바람직한 성장을 위해 마을이나 도시에서 어떤 프로그램을 진행하고 있는지 아이들에게 알려주라. 공원 산책로나 운동시설, 놀이 프로그램, 청소년 프로그램 등 지역사회가 할 수

○ 있는 더 좋은 방법이 있는지 아이에게 물어보는 것도 좋다.
○ 아이에게 소중하게 느껴지는 장소와 그렇지 않은 장소가 있는지 물어보고, 구체적인 이유와 예를 설명해보게 하라. 그리고 스스로 소중하게 느껴지는 장소에서 많은 시간을 보내도록 하라.
○ 계획을 세우고, 문제를 해결하고, 서로 격려하기 위한 가족 모임을 정기적으로 개최하라.
○ 아이들을 소중히 여기지 않는 지역사회 사람들에게 어떻게 대응해야 할지 긍정적이고도 적절한 방식으로 역할극을 해보라.
○ 가족과 함께 지역사회 행사에 참석하라. 지역사회에 대한 아이의 인식이 향상될 것이다.
○ 자녀의 친구들을 따뜻하게 맞아주고 지원하라. 여러분이 그들을 소중히 여긴다는 사실을 그들이 알게 하라.

학교에서

○ 청소년을 소중히 여기는 지역사회는 어떤 모습이고 어떤 느낌일지 학생들에게 글과 그림으로 표현하게 하라. 그런 다음 그 글과 그림을 학생들의 동의를 얻어 교내외에 널리 알려라.
○ 지역사회 단체들과 제휴하여 학생들이 자발적으로 어른들과 멘토링 관계를 키워나갈 수 있게 하라.
○ 학생들이 주관하는 학교 축제 등에 지역사회 인사들을 초대하라.

또한 학생들의 작품과 창의성을 보여주는 학예회, 과학 발표회, 운동회 등에 이웃을 초대하라.

◯ 정기적으로 지역사회 인사들을 초청해 직업이나 봉사활동, 그 밖에 학생들이 관심을 보이는 분야를 주제로 강연하게 하라.

◯ 학생들이 지역사회 봉사활동에 적극적으로 참여하도록 격려하라.

◯ 학생들에게 리더십을 가르쳐라. 여러분의 학교에는 학교 이사회 활동에 학생들이 참여하며, 의사결정 위원회에 학생들을 위한 자리가 있는가?

지역사회에서

◯ 아이들을 문제의 대상이 아닌 자산으로 바라보라.

◯ 포커스 그룹(시장 조사나 여론 조사를 위해 각 계층을 대표하는 사람들로 뽑은 표본 집단 _옮긴이)을 활용해 1) 아이들은 지역사회가 자신들을 어떻게 여긴다고 생각하는지, 2) 아이들은 어른들이 자신들을 어떻게 대한다고 생각하는지 확인하라. 문제가 있는 부분을 파악해 해결 과제로 삼고 성공을 축하하라.

◯ 아이들의 소중함을 보여주는 방식으로 행동하도록 어른들을 교육하라(78쪽 '가정에서' 첫 번째 항목 참조).

◯ 주민단체나 지역단체의 활동에 아이들이 적극적으로 참여하도록 유도하라.

- 상점이나 다른 사업장(사무원, 판매 보조원, 식당 종업원 등)에서 성실히 일하는 아이들을 발견하면 격려하라.
- 아이들이 지역사회에 공헌하는 방식을 널리 알리고 축하하라.
- 매체에서 조장하는 청소년에 관한 부정적인 고정관념에 반대하라.
- 상점이나 문화센터 등 주민들이 자주 찾는 장소에 청소년 예술작품이나 프로젝트 과제들을 전시하라.
- 교사, 청소년 단체 지도자, 사회복지사, 성직자처럼 아이들과 함께 일하는 사람들에게 감사를 표시하라. 여러분이 그들을 소중히 여긴다는 사실을 보여줘라.

청소년·종교단체에서

- 아이들을 어엿한 구성원의 일원으로 대하라. 그들에게 의미 있는 역할을 맡기고, 문 앞에서 인사나 안내를 하게 하고, 더 어린 아이들을 지도하게 하는 등 그들의 공로를 인정하라.
- 아이들에게 지도자의 역할을 부여해 다른 어른 회원들에게 가치를 인정받게 하라.
- 아이들과 방학 동안에도 교류하여 1년 내내 가깝게 지내도록 하라.
- 청소년 위원회를 구성해 청소년 문제를 토론하고 스스로 해결책을 찾게 하라.

Q 종교단체 회원들에게 청소년에 관한 부정적인 고정관념을 가지고 있는지 조사해보고, 이러한 고정관념을 없애기 위해서는 어떻게 해야 할지 브레인스토밍을 하라.

: 자산 08 :

자원으로서의 아이들

아이들은 지역사회에 유용한 역할을 담당한다.

32%의 아이들이 이러한 자산을 가진 것으로 조사되었다.

가정에서

- 가족의 의사결정 과정에 자녀들을 참여시키고 그들의 이야기를 귀담아 들어라. 자녀들의 관심사와 재능과 의견을 진지하게 받아들여라.
- 가족회의를 열고 어떻게 하면 효율적으로 집안일을 할 수 있는지에 대해 가족 모두의 생각을 들어보라. 가족이 함께 결정하고 집안일을 나눠서 하라.
- 가족 모임이나 소풍, 주민 모임 등을 계획할 때 자녀에게 도움을

요청하라.
- 자녀에게 나이에 맞는 역할을 부여하라. 예를 들어 식사 준비를 돕거나 동생의 숙제를 봐주고, 소소한 집안 일을 돕는 것 등이 여기에 해당한다. 그런 일들이 얼마나 중요한지를 아이들에게 자주 상기시켜라.
- 가족의 생일이나 기념일에 선물을 사는 대신 직접 만들어보게 하라.
- 집안일을 교육의 기회로 활용하라. 새집을 지어주고, 자전거를 고치고, 벽에 페인트를 칠하고, 정원에 나무를 심는 것도 좋다.
- 자녀에게 유행어나 인터넷 활용법, 취미, 노래, 비디오게임 등을 가르쳐달라고 하라.
- 자녀의 재능이나 능력에 관해 대화하라. 자녀는 자신들이 어떤 일에 재능이 있다고 생각하는가? 여러분은 자녀들에게 어떤 재능이 있다고 생각하는가? 재능을 다른 사람들과 나누는 방법에 대해서도 함께 고민해보라.

학교에서

- 학교의 의사결정 과정에 학생들을 참여시켜라. 즉 학생들로 하여금 준비위원회 활동에 참여하거나 학교 안내서를 제작하게 하고, 축제 프로그램을 준비하게 한다.
- 학생들에게 지역사회 문제에 긍정적인 영향력을 발휘하는 방법

을 가르쳐라. 예를 들어 전화 설문, 조사, 투표, 연설 등 구체적인 사회 활동을 가르치는 것이다.

Q 학생들에게 맡겨도 될 만한 사안이라면 학생회에 실질적인 권한을 부여하라.

Q 교육의 일정 부분을 계획하는 데 학생들을 적극적으로 참여시켜라. 예를 들어 학생들이 독자적인 학습 프로젝트나 보고서 주제 등을 자유롭게 선택하게 한다.

Q 학교에 있었으면 하는 과외활동에 대해 학생들이 논의해 계획안을 마련하게 하라.

Q 다른 사람을 가르치는 방법을 교육하라. 예를 들어 고학년 학생이 저학년 학생을 가르치거나 책을 읽어주면 멘토링 관계를 발전시킬 수 있다.

Q 소수의 선발된 학생뿐만 아니라 다수의 학생들에게 리더십 기술을 가르쳐라.

지역사회에서

Q 아이는 감당할 문제가 아니라 앞으로 개발해야 할 기술과 재능과 능력을 갖춘 자원이라는 인식을 널리 알리려고 노력하라.

Q 의사결정 과정에 아이들의 참여를 높이기 위한 방안을 지역사회 기관이나 주민단체 등과 연계해보라.

Q 주민자치회나 지역 위원회 및 의회 활동에 아이들을 참여시켜라. 아이들에게 리더 역할을 비롯해 실질적인 공헌을 할 기회를 제공하라.

Q 아이들을 여러분의 조직과 사업 활동에 참여시켜라.

Q 아이들을 위한 자원봉사 프로그램을 널리 알려라.

Q 어른과 아이가 서로 도움을 주고받을 수 있는 환경을 만들어라. 이때 모두가 협동과 협업의 혜택을 누릴 수 있어야 한다.

Q 아이들에게 도시 및 지역 웹사이트를 만들거나 관리하게 하고, 선거 참관인으로 일하게 하라.

청소년·종교단체에서

Q 의사결정 과정에 아이들을 참여시켜라.

Q 아이들에게 종교단체를 이끌고 공헌할 수 있는 기회를 제공하라. 예배나 세대 간 통합 행사 때 아이들에게 리더 역할을 부여하라.

Q 아이들이 비전 설정자, 아이디어 창조자, 연설자, 그 밖에 다른 중요한 역할자로 참여할 수 있도록 하라.

Q 아이들이 자신보다 더 어린 아이들을 가르치거나 보살필 수 있도록 하라.

Q 아이들을 자원봉사위원회 활동에 참여시켜라.

: 자산 09 :

다른 사람을 위한 봉사

아이들은 1주일에 1시간 이상 지역사회를 위해 봉사한다.

50%의 아이들이 이러한 자산을 가진 것으로 조사되었다.

가정에서

- 부모가 먼저 다른 사람을 위해 봉사함으로써 자녀에게 모범을 보여라.
- 주말에 2시간 정도 시간을 내 가족과 다른 사람을 도와라. 공원에서 쓰레기를 줍거나 무료 급식소나 노숙자 쉼터에 가서 봉사하는 것도 추천할 만하다.
- 가족이 함께 다른 사람에게 봉사할 방법에 관해 최소한 열 가지 이상 브레인스토밍을 하라. 가족 투표로 그중 한 가지를 선택한

뒤, 날짜를 정해 실행하라. 그리고 그 경험을 서로 이야기하라. 봉사라고 해서 꼭 대단한 일을 해야 하는 것은 아니다. 집에만 있는 이웃을 방문하거나 음식을 만들어 이웃과 나눠 먹는 것도 좋다.

- 자녀와 함께 이웃을 도와라. 옆집 노인을 위해 집 앞의 눈을 치우거나 옆집 아이를 도서관이나 놀이터에 데려다 주는 것 등이다.
- 다른 사람을 도울 때 얻는 좋은 점에 대해 자녀와 대화를 나눠라. 좋은 점에는 이런 것들이 포함될 수 있다. 1) 개인적인 만족감을 느끼고 2) 다른 사람과 어울려 사는 법을 배우고 3) 새로운 지식을 익히고 4) 다양한 사람들과 교류하고 5) 인내심을 배우고 6) 세상을 변화시킬 수 있다.
- 자녀에게 학교, 청소년 단체, 종교단체 등에서 봉사활동을 하도록 권하라.

학교에서

- 학교의 정규 교육 과정에 봉사학습 시간을 포함시켜라.
- 학업 성적이 올랐을 때와 마찬가지로 봉사활동을 잘했을 때 축하해주는 것을 중요하게 생각하라. 봉사활동을 한 학생들을 위해 시상식을 하고, 학교신문에 기사를 실어주며, '봉사 증명서'를 발급하고 장학금을 주는 것도 좋다.

- 학생들에게 해결되기를 바라는 지역사회 문제나 세계 문제에 대해 토론하게 하라. 문제 목록이 만들어지면 봉사활동을 통해 얻게 된 문제 해결 방안에 대해 브레인스토밍을 하게 하라.
- 학생들에게 어린 아이들을 가르치고 돌보는 방법을 교육하라.
- 지역 주민에게 학교 자원봉사 활동을 권하라. 예를 들어 주민들은 학생들을 가르치거나 그들의 멘토가 되어주고, 책을 읽어주고, 점심 시간에 아이들에게 식사를 챙겨줄 수 있다.
- 학생 단체들을 격려해 학교 주변의 이웃들에게 봉사하게 하라.
- 학생들에게 이웃이나 지역사회의 가난한 가정에 나눠주기 위한 물품을 수집하게 하라.

지역사회에서

- 아이들과 그들의 가족을 위해 봉사할 기회를 만들고 널리 알려라.
- 아이들에게 하고 싶은 봉사활동이 있는지 물어보고, 그들의 관심과 능력에 맞는 봉사활동을 찾아줘라.
- 주민과 종교단체, 시민단체를 대상으로 아이들을 봉사활동에 참여시키는 방법을 교육하라.
- 아이들이 쉽게 봉사활동에 참여할 수 있게 하라. 예를 들어 방과 후나 주말에 몇 시간 참여할 수 있는 봉사 프로젝트를 계획하고, 교통 편의를 제공하며, 필요한 물품과 건축자재를 보내주는 것

등이다.
- 아이들의 봉사활동을 인정해줘라. 지역사회에서 펴내는 책자나 웹사이트에 칭찬하는 글을 올리고 상을 줘라.
- 어른과 아이가 함께 참여할 수 있는 지역 봉사 프로젝트를 추진하라.

청소년·종교단체에서

- 봉사를 종교단체의 핵심 가치로 규정하라. 자주 봉사를 강조하고, 회원들에게 발송하는 책자나 소식지에 봉사 관련 글을 실으며, 봉사활동 깃발이나 현수막을 만들고, 봉사자들을 격려하라.
- 봉사를 청소년 프로그램의 중요한 구성 요소로 규정하라.
- 어른과 아이가 함께 참여할 수 있는 세대 통합 봉사 프로젝트를 만들어라. 종교단체가 전반적인 책임을 지는 봉사 프로젝트에 아이들을 참여시켜라.
- 정기적인 도움과 경제적 지원이 필요한 지역사회기구와 제휴하고, 여기에 모든 연령층의 회원들을 참여시켜라.
- 청소년 교육 과정에서 사회적 쟁점들을 다루고, 봉사를 통해 문제를 해결할 기회를 아이들에게 제공하라. 예를 들어 기아, 문맹, 무주택 문제 등이 여기에 해당한다.

: 자산 10 :
안전

아이들은 가정과 학교와 지역사회에서 안전하다고 느낀다.

54%의 아이들이 이러한 자산을 가진 것으로 조사되었다.

가정에서

- 가정에서 상대에게 상처를 주는 말이나 행동을 듣거나 보았을 때 그냥 지나치지 마라. 배우자와 자녀, 다른 가족들과 친구들을 사랑하고 존중함으로써 모범을 보여라.
- 가정에서 어떻게 하면 감정적, 신체적으로 안전을 유지할 수 있는지에 대해 기본 원칙을 정하라. 무엇이 사람들로 하여금 안전감 혹은 불안감을 느끼게 하는지 대화를 나눠라. 가족 중에 다른 가족의 감정적, 신체적 안전을 해치는 사람이 있다면 전문가에게

도움을 요청하라.

- 전화 응대, 방문객 맞이하기, 집에서 혼자 시간 보내기, 인터넷 사용, TV 시청, 귀가 시간에 관한 단순하면서도 엄격한 규칙을 만들어라.
- 언제나 가족들의 일정과 행방을 파악하고, 혹시 변화가 있으면 서로에게 알리도록 하라.
- 자녀와 함께 많은 이웃을 만나 친밀하게 지내라. 이웃의 안전을 위해 노력하고 그들에게도 같은 일을 해달라고 요청하라.
- 지역 내 안전에 대한 요구와 문제를 해결하기 위해 이웃과 협력하라.
- 학교, 거리, 공원 등 아이들이 자주 가는 장소에서 불안감이 들 때 어떻게 해야 하는지 자녀와 대화를 나눠라. 만일 좋지 않은 일이 일어나면 그 일을 부모에게 말해야 한다는 점을 확실히 이해시켜라.
- 해가 진 후에는 아무리 가까운 거리라도 자녀의 친구들을 집까지 안전하게 데려다줘라.

학교에서

- 학교나 운동장, 학교 활동에서 학생들에게 안전한 환경을 만들어 주기 위해 최선을 다하라. 만약 학생들이 불안해한다면 그 원인

이 무엇인지 물어보라. 어떻게 하면 학교를 더 안전한 곳으로 만들 수 있는지 학생들의 의견을 구하고, 그들의 제안을 적극적으로 반영하라.

ꐂ 어떤 종류의 괴롭힘이나 무시하는 태도도 용납하지 마라. 서로 존중하고 배려하는 분위기를 만들고, 그에 대한 기대도 분명하게 보여라.

ꐂ 다양성을 인정하고 환영하며 축하하는 분위기를 만들기 위해 적극적으로 노력하라.

ꐂ 교사 한 명이 가르치는 학생 수를 낮추어서 교사가 학생 개개인에게 더 관심을 기울이도록 하라.

ꐂ 폭언, 폭력, 괴롭힘, 차별에 반대하는 세부적인 기준을 만들고 시행하라. 그리고 이를 어기는 학생들을 익명으로 신고할 수 있도록 방안을 마련하라.

ꐂ 학생들에게 자신들에게 일어난 좋지 않은 일을 어른들에게 어떻게 말해야 하는지 가르쳐라.

ꐂ 학생들이 협력해 갈등을 평화적으로 해결할 수 있도록 '또래 중재 프로그램'을 운영하라.

ꐂ 학교 교사와 행정가, 직원들이 학생들을 개인적으로 잘 알고, 그들이 안전에 관심을 갖도록 격려하라.

ꐂ 자신과 다른 사람의 안전을 지키는 방법에 관해 학생들에게 정보를 주고 교육하라.

지역사회에서

- 청소년들을 만나 그들이 안전이나 불안을 느끼는 장소가 어디인지 확인하라. 그리고 보다 안전하려면 어떤 조치가 필요한지 물어보라.
- 청소년들이 친구들과 보다 안전하게 어울릴 수 있도록 시간과 장소를 제한하라.
- 공원을 비롯한 공공장소에서 안전을 가장 중요한 일로 여기도록 하라.
- 동네에 청소년들이 위험을 느낄 때 찾아갈 수 있는 안전한 장소를 마련하라.
- 지역 방범 프로그램, 순찰대, 약물 남용 방지 교육 프로그램, 안전 구조대, 안전의 날 등 범죄를 예방하고 안전한 지역사회를 만들기 위해 노력하라.
- 어린이와 청소년이 안전에 위협을 받았을 때 쉽게 서비스(긴급전화나 상담사 같은)를 이용할 수 있게 하라.

청소년·종교단체에서

- 종교단체 내에 청소년을 위한 안전한 환경을 만들어라. 어린이와 청소년들과 교류하는 어른들을 감독하고, 아이들의 안전이 위협받을 수 있는 상황을 예방하라.

- 어려움을 겪는 아이들이 안전하게 쉴 수 있는 장소를 제공하라.
- 어떻게 하면 청소년들이 가정과 학교, 지역사회에서 안전함을 느낄 수 있는지 종교단체 구성원을 교육하라.
- 지역사회의 변화를 통해 어린이와 청소년에게 더욱 안전한 환경을 만들어줘라.

긍정자산 만들기

여러분이 살고 있는 곳의 자산은 얼마나 풍부한가요?

뉴저지 주 배스킹 리지에서는 아이들이 자신이 사는 곳을 자산이 풍부한 지역사회로 만들기 위해 앞장섰다. 그들은 서머싯 힐스 YMCA를 통해 '긍정자산' 계획 두 가지를 적극적으로 실행했다.

첫 번째는 자산 만들기 대변자들의 사무국을 운영한 일이다. 어느 해 아이들은 서머싯 힐스 학군 내 교사들을 위한 봉사 교육을 이끌었다. 또한 YMCA 이사회, 버나즈빌 상공회의소, YMCA 직원들, 버나즈빌 의회의 교육을 맡았다.

"완전 거꾸로 된 거죠."

캐럴린 바스케즈 Carolyn Vasquez YMCA 사회공헌 프로그램 이사의 설명이다.

"아이들이 어른들을 가르치니 말이에요."

청소년들은 또한 자산 맵핑 프로그램 Asset Mapping Program을 실행함으로써 지역사회에 자산에 관한 메시지를 전달했다. 그들은 지역 사업장과 식당, 단체들을 방문해 '긍정자산'에 관한 교육을 실시하고 사람들이 '긍정자산' 목록을 작성하는 일을 도왔다.

이 프로그램을 통해 청소년들은 지역 주민들이 자산 만들기에 더욱 관심을 갖도록 했다.

'사람들이 얼마나 관심을 가질까?' 이런 마음이 드는 것도 자연스러운 것이지만, 사람들은 대부분 가치 있는 일이라면 본인이 직접 나서서 하지는 않더라도, 누군가가 나서서 실행을 하면 빠른 속도로 가담하는 경향이 있다.

바스케즈는 이처럼 자산을 통한 지역사회 만들기는 긍정적인 영향을 미쳤다고 믿는다. 그녀는 이 일을 통해 청소년들은 "자신의 지역사회에 대해 더 잘 이해하게 되며, 변화를 가져오는 일에 조금씩 더 깊이 관여하게 됩니다"라고 말한다.

PART 3

경계와 기대 BOUNDARIES and EXPECTATIONS

아이들은 자신에게 무엇이 기대되며 어떤 활동과 행동이 '용납'되거나 '용납되지 않는지' 알아야 한다.

경계와 기대 자산 여섯 가지는 다음과 같다.
11. 가족의 경계
12. 학교의 경계
13. 이웃의 경계
14. 역할 모델이 되는 어른들
15. 또래의 긍정적인 영향
16. 높은 기대

아이들은 명확하고 한결같은 경계와 높은 기대를 더 많이 가질수록 더욱 건강하게 자랄 가능성이 높다.

: 자산 11 :
가족의 경계

부모는 자녀의 행동에 분명한 규칙과 책임을 정하고 자녀의 행방을 파악한다.

47%의 아이들이 이러한 자산을 가진 것으로 조사되었다.

가정에서

- 자녀의 행동 경계에 관해 배우자와 대화하라. 아이들에게는 부모의 의견 일치가 필요하다.
- 가족의 경계에 관해 아이들과 대화를 나눠라. 긍정적인 태도를 유지하고, 자녀가 하지 않았으면 하고 바라는 일뿐만 아니라 했으면 하고 바라는 일을 말하라. 경계는 가능하면 다섯 단어 이하로 단순하고 분명하게 정하라.
- 일단 가족의 경계를 정했다면 아이들이 잘 지킬 것으로 기대하

라. 이유 없이 지키지 않을 것으로 의심하지 마라.

Q 가족이 매달 모여 경계에 대해 의논하라. 경계는 공정하게 설정되었는가? 현 상황에도 여전히 잘 맞는가? 가족의 가치와 원칙은 잘 반영되었는가? 필요하다면 다시 조정하라. 도움이 필요하다면 자녀 양육서를 읽거나 전문가에게 조언을 구하라. 배움과 변화를 기꺼이 받아들여라.

Q 자녀가 성장하면 그에 맞게 가족의 규칙을 다시 정하라. 그러나 자녀가 18세가 되어도 경계가 필요하다는 사실을 기억하라.

Q 처벌이 아닌 교육 방법으로서의 훈육에 초점을 맞추어라. 그리고 훈육을 화를 내는 구실로 삼지 마라. 도움이 필요하면 인터넷이나 지역 내 긴급전화를 통해 관련 단체를 알아내 연락하라.

Q 가족 일정표에 부모를 포함한 전 가족의 일정과 행방을 기록하라.

Q 자녀의 친구들에 대해 잘 알며, 그들의 부모들을 초대해 '부모 정보망'을 갖추어라. 부모의 감독 없이 아이들끼리 모임을 가지거나 참석하지 않는다는 점에 합의를 보라.

Q 자녀와 자녀의 친구들에게 여러분의 가정이 기분 좋은 장소가 되게 하라. 간혹 아이가 집에 있는지 없는지 잘 모르는 경우가 있는데, 집에 있는지 나갔는지, 집에 있으면 자기 방에 있는지 목욕탕에 있는지 잘 알고 있어야 한다.

학교에서

- 가능하면 가족의 가치와 규율을 존중하고 강화하라.
- 부모와 자녀의 행동 기준에 대해 대화하고, 학생들의 행동에 관한 학교의 기준을 공유하라. 그 둘의 공통점을 찾고 서로의 노력을 지지하라.
- 문제 행동과 규칙 위반과 관련해 학생을 상담할 때는 부모도 함께 자리하게 하라.

지역사회에서

- 부모를 위한 워크숍을 개최하여 경계를 정하고, 문제 행동을 해결하며, 책임을 지는 방법에 관해 교육하라.
- 부모들이 적절한 가족 경계를 정하고 실행하는 방법에 관해 서로 배울 수 있도록 모임을 주선하라.
- 청소년의 지역사회 활동 참여에 관한 기준을 정할 때 부모들을 초대해 의견을 내고 제안하게 하라.
- 부모를 위해 공정하고 효과적인 훈육 전략에 대한 정보를 제공하라.
- 책, 웹사이트, 동영상, 팟캐스트 등 부모들에게 정확하고 유용한 조언을 제공하는 자원 목록을 수집하여 지역 웹사이트나 소식지에 게재하라.

- 아이와 부모의 동의를 얻어 서로의 행방을 알 수 있게 양식을 만들어라. 그리고 그 양식을 지역 웹사이트에 게시하거나 부모들에게 나눠주는 등 적극 홍보하라.
- 적절치 않은 장소에 있는 청소년들을 보면 책임의식을 갖고 부모가 그들의 행방을 알고 있는지 물어보라.

청소년·종교단체에서

- 종교단체 내 청소년들의 행동에 관한 기대치를 설정하고 그것을 이룰 수 있도록 격려하라.
- 부모에게 적절한 경계를 설정하는 방법에 관해 교육하라. 각 가정에 보내는 주보나 우편물에 관련 정보를 수록하라.
- 부모에게 가족 경계에 관해 함께 대화할 기회를 제공하라.
- 청소년에게 스스로 경계를 정하는 방법을 교육하라. 이것은 청소년 수련회에서 다룰 수 있는 훌륭한 주제이다.
- 청소년 단체 행사라고 해도 감독하는 어른이 꼭 있어야 한다.

: 자산 12 :

학교의 경계

학교는 학생들의 행동에 분명한 규칙과 책임을 설정한다.

56%의 아이들이 이러한 자산을 가진 것으로 조사되었다.

가정에서

- 자녀의 학교에, 학년 초에 행동 강령을 만들어서 가정에 보내달라고 요청하라. 이 일을 위해 봉사를 자원하고 행동 지침 제정에 학생들을 참여시킬 것을 제안하라.
- 학부모와 교사로 구성된 정책 기구에 참여하라.
- 자녀의 학교를 방문해 학교의 경계를 직접 확인해보라. 학생들은 어떻게 행동하고, 교사들과 학생들은 어떻게 교류하며, 갈등은 어떻게 해결하는지 살펴보라. 궁금한 점이 있다면 교사나 교장

에게 문의하라.

○ 학급의 경계에 대해 교사들과 논의하고, 그러한 경계를 존중하는 것이 왜 중요한지 자녀와 대화를 나눠라. 자녀가 동의하지 않는 부분이 있다면 왜 그런지 이유를 물어보라.

○ 학년이 바뀔 때마다 가족들과 학교의 경계에 관해 배우고 토론하는 시간을 갖도록 하라.

○ 학생들의 태도에 관한 학교의 경계와 책임, 기대를 지지하라.

○ 학교의 경계가 공정하고 적절하며 일관되게 적용되지 않는다면 학교 당국에 알려라.

○ 갈등이 있을 때 무리하게 해결하려고 하지 마라. 침착하게 우려를 표시하고 가능한 해결책을 제시하라.

학교에서

○ 허용된 행동(예: 다름을 이해하고 배려하고 존중하기)과 금지된 행동(예: 따돌림, 폭력, 부정행위, 괴롭힘)에 관한 학교 차원에서 공식적인 지침을 세워라. 금지된 행동에 대한 분명한 책임과 함께 허용된 행동에 대한 지원 방안을 마련하라. 이러한 지침을 수립하는 데 학생과 부모, 교직원을 모두 참여시켜라. 그리고 모든 구성원이 참여해 1년에 몇 번씩 지침을 재검토하라.

○ 학생 가이드북을 발행한다면 그것을 각 가정에 보내라.

- 경계를 설정하고 다른 학생들에게 알리는 일에 또래 친구들을 포함시켜라.
- 학생들에게 책임감 있는 행동을 기대하고, 그렇지 못할 경우 공정하고 일관되게 책임을 물어라.
- 교실, 복도, 식당, 강당 등에 학교의 경계를 알리는 안내문을 게시하라.
- 경계 위반을 해결하는 방법의 하나로 또래 중재 프로그램을 활용하라.
- 학교 정책을 따르고 경계를 존중하는 학생들을 인정하고 축하하라.
- 교내 식당, 복도, 운동장 등 학생들이 모이는 장소에 대한 감독을 강화하라.

지역사회에서

- 교사들이 학교의 경계를 발전시키고 널리 알리며 강화하는 일을 지원하라.
- 지역사회 내 다른 학교들도 경계를 정하는 데 참여하도록 하라.
- 학교의 경계에 관해 공식적으로 알려서 지역사회가 지원하고 강화하도록 하라. 전단을 붙이거나 우편물을 발송하고, 지역 웹사이트에 정보를 게시하고, 학교 축제일에 경계를 발표하라.

Q 코치를 비롯한 다른 어른 지도자들(학교 팀, 동아리, 청소년 단체, 과외 활동, 방과 후 프로그램 등의)이 학교의 경계에 대해 잘 알아야 한다. 학교의 경계를 강화하기 위해 그들에게 도움을 요청하라.

청소년·종교단체에서

Q 지역사회 내 학교들의 경계에 대해 알아둬라. 각 가정에 보내는 주보나 우편물에 학교의 경계를 요약해 공지하고, 부모들의 관심을 요청하라.
Q 학교와 협력해 학교와 종교단체에서 가르칠 공동의 경계를 규정하라.
Q 학생들의 행동에 관한 학교 정책을 확인하고, 종교단체 내에서도 그 기대치에 도달할 수 있도록 노력하라.

: 자산 13 :
이웃의 경계

이웃은 아이들의 행동을 감독할 책임이 있다.

48%의 아이들이 이러한 자산을 가진 것으로 조사되었다.

가정에서

- 이웃과의 보다 친밀한 교류를 위해 조촐한 파티를 마련하라. 그리고 이웃의 경계에 관해 의논하고 모두가 동의하는 항목을 세 가지 이상 정리하라. 예를 들어 이웃과 재산을 귀하게 여기고, 의심스러운 행동에는 주의를 기울이며, 16세 미만의 아이들을 살피는 것 등이다. 파티에서 나온 내용을 정리해 동네 웹사이트에 올리거나 전단으로 만들어 각 가정에 전달한다.
- 어린이와 청소년에게 경계를 지적할 수 있도록 이웃들이 서로 격

려하라. 예를 들어 이웃이 욕하는 청소년에게 훈계하면 다 같이 이렇게 말하며 그를 지원한다. "우리 동네에서 그런 말을 쓰는 걸 용납할 수 없단다."

- 이웃에 무슨 일이 일어나는지 주의를 기울여라.
- 이웃의 경계에 관해 자녀와 대화를 나눠라.
- 걱정거리나 의문이 생기면 이웃에게 전화하라. 참여를 원하는 이웃의 이름과 전화번호, 주소가 적힌 주민 명부를 배포하라.
- 믿을 만한 이웃에게 자녀의 부적절한 행동을 보면 이야기해달라고 부탁하고, 그 사실을 자녀에게도 알려라. 또한 자녀의 긍정적인 행동에 관해서도 이야기해달라고 부탁하라.
- 여러분의 가정을 방문하는 청소년을 위해 분명한 경계를 설정하고 그대로 실천하라.
- 새로운 이웃을 환영하고 이웃의 경계에 관해 친절히 알려줘라. 그리고 그들의 제안을 귀 기울여 듣고, 지원도 요청하라.

학교에서

- 학생들과 이웃의 경계에 관해 대화를 나눠라. 이웃은 학생들의 행동에 대한 경계를 설정해두었는가? 그 사실을 어떻게 알 수 있는가? 학생들의 행동에 주목하고 관심을 기울이는 이웃은 누구인가? 학생들은 그것에 관해 어떻게 생각하는가? 학생들에게 그

들에게 특히 관심을 기울이는 이웃이 누구인지 알아보게 하라. 학생들에게 감사 편지를 쓰게 하는 것도 좋다.
- 학교가 속한 지역의 이웃 경계가 있는지 확인하라. 또는 합리적인 경계를 설정한 뒤 학생들에게 알려라. 예를 들어 쓰레기 버리지 않기, 이웃의 잔디밭 가로지르지 않기, 사유지에서 어슬렁거리지 않기, 스마트폰으로 음악을 시끄럽게 틀지 않기 등이다.
- 학교 인근 주민을 대상으로 학생들의 행동과 관련해 걱정이나 불만이 있는지 조사하라. 그리고 학생들에게 그 결과를 알리고 문제 해결을 위해 경계를 설정하라.

지역사회에서

- 주민들이 강력한 유대감을 형성할 수 있도록 노력하고, 이웃들이 서로를 더 잘 이해할 수 있게 하는 활동을 후원하라.
- 지역사회의 다른 주체들(개인, 단체, 기구)과 함께 지역사회 규범과 기준을 확인하거나 규정하라. 그리고 그 과정에 아이들을 참여시켜라.
- 지역 사업자, 주민 기구, 경찰서와 협력해 아이들에게 해로운 장소를 확인하라. 지속적인 지역사회 모임을 통해 해결 방안을 논의하고 시행하라.
- 공공장소의 경계를 설정하는 과정에 아이들을 참여시켜라. 여기

에는 공원, 놀이터, 쇼핑몰, 지역 문화센터 등이 포함된다. 경계 목록을 간결하고 분명하게 명시한 전단과 포스터를 배포하라.
- 청소년에게 책임감 있는 행동을 기대하고, 기대에 어긋나는 행동을 하면 적절한 경계를 강제하라.
- 청소년이 밤늦게 다니지 않도록 하라.

청소년·종교단체에서

- 단체 내에서 어린이와 10대 청소년을 위한 명확한 경계를 설정하고 시행하라.
- 올바르게 행동한 아이에게 여러분이 그러한 사실을 알고 있으며, 앞으로도 그러한 행동을 기대한다는 사실을 알게 하라.
- 아이들에게 있어 이웃의 경계가 얼마나 중요한지 다른 어른 회원들에게도 알려라.
- 모든 회원이 이웃의 일에 적극적으로 나서도록 격려하라. 이웃의 경계에 관해 잘 알고, 그 경계를 존중하도록 하라.

: 자산 14 :

역할 모델이 되는 어른들

> 부모를 비롯해 어른들은 긍정적이고 책임감 있는 행동으로 모범을 보인다.

> **28%**의 아이들이 이러한 자산을 가진 것으로 조사되었다.

가정에서

- 부모는 자녀의 가장 중요한 역할 모델이라는 사실을 명심하라. 자신에게 높은 기준을 세우고 어려운 상황에서도 그 기준을 지키려고 노력하라. 자녀를 사랑과 존중으로 대하라.
- 매일 자녀의 생활을 살피고 자주 함께 시간을 보내라. 그러다보면 긍정적이고 책임감 있는 행동에 관해 가르치고 토론할 기회와 상황을 알 수 있을 것이다.
- 누가 긍정적인 역할 모델이 될 만한지 자녀와 대화를 나눠보라.

그들과 관계를 맺고 강화할 방법을 찾아라. 여러분이 존경하고 신뢰하는 친구들에게 자녀에게 관심을 가져달라고 요청하라.

- TV, 웹사이트, 영화, 잡지, 신문에 나오는 유명 인사들에 관해 자녀와 이야기를 나누어라. 그들이 훌륭한 역할 모델인지, 그렇게 생각하는 이유와 그렇게 생각하지 않는 이유를 주제로 토론하라. 그리고 역할 모델과 유명 인사의 다른 점에 관해 대화를 나눠보라.
- 여러분의 역할 모델에 관해 자녀와 대화하라. 여러분이 존경하는 사람은 누구이고 그 이유는 무엇인가? 어렸을 때 여러분의 역할 모델은 누구였는가? 10대였을 때는? 청년 시절에는?
- 여러분이 자녀를 실망시켰다면 그 일에 관해 솔직하게 이야기를 나눠보라. 실수를 인정하고 잘못한 일을 사과하는 태도 역시 자녀에게 훌륭한 본보기가 될 수 있다.

학교에서

- 전 교직원을 대상으로 긍정적이고 책임감 있는 행동의 모범을 보이는 일이 얼마나 중요한지 교육하라.
- 성이나 연령, 민족, 종교가 다른 다양한 종류의 어른 역할 모델을 인정하고 긍정하기 위해 노력하라.
- 학생들에게 그들의 영웅을 찾게 한 다음, 그 영웅들이 훌륭한 역

할 모델인지 아닌지에 관해 토론하게 하라. 훌륭한 역할 모델이라면 그 이유는 무엇인가? 훌륭한 역할 모델이 아니라면 그 이유는 무엇인가? 영웅과 유명 인사의 다른 점에 관해 토론해보라.

- 역사와 문학, 그 밖의 다른 과목들에서 배우는 긍정적인 역할 모델에도 관심을 기울이게 하라.
- 지역사회의 긍정적인 어른 역할 모델들을 학생들에게 소개하라. 그리고 그들을 초대해 이야기를 나누고 학생들과 교류하게 하라.
- 학생들에게 TV나 신문 등 매체에 나오는 인물들을 찾게 하고, 그들이 긍정적인 역할 모델인지 부정적인 역할 모델인지 살펴보게 하라.

지역사회에서

- 긍정적인 역할 모델이 필요한 청소년들과 함께하는 일에 자원하라.
- 방송 등을 통해 소개되는 지역사회의 긍정적인 역할 모델들에게 축하를 보내라.
- 어른들에게 청소년들의 멘토가 되어주라고 격려하라.
- 강연이나 영화 상영, 책읽기 모임 등을 통해 긍정적인 역할 모델(필요하다면 부정적인 역할 모델도)을 지속적으로 소개하고, 청소년들의 관심을 유도하라. 모임 후 토론 시간을 마련해 좀 더 깊이 있는 의견을 나눠라.

ㅇ 유명 인사나 영향력 있는 사람들뿐만 아니라 여러분의 아이들이 본받았으면 하는 훌륭한 자질을 갖춘 평범한 사람들에게도 관심을 보여라.
ㅇ 지역사회의 유명 인사나 영향력 있는 사람들을 격려해 긍정적이고 책임감 있는 행동의 모범을 보이게 하라. 그들이 바로 아이들의 역할 모델이며, 긍정적인 모범을 보임으로써 아이들에게 살아 있는 영웅이 될 수 있다는 사실을 상기시켜라.

청소년·종교단체에서

ㅇ 어른들로 하여금 청소년에게 기대되는 행동의 모범을 보이게 하라.
ㅇ 종교단체의 모든 구성원에게 기대되는 행동을 명확히 규정하라.
ㅇ 청소년이 어른 멘토를 만날 수 있게 주선하라.
ㅇ 아이들에게 종교적 전통 안에서 역할 모델을 찾아보게 하라. 그들을 훌륭한 역할 모델로 만드는 것은 무엇인가?
ㅇ 종교단체 내에서 긍정적인 역할 모델이 되어주는 사람들을 초대해 그들의 인생 이야기를 아이들에게 들려주게 하라.
ㅇ 어른들에게 종교단체 내 청소년 단체와 교류하도록 하라.
ㅇ 아이들이 어른 역할 모델을 만날 수 있는 세대 간 통합 프로그램을 만들어라.

: 자산 15 :

또래의 긍정적인 영향

아이의 가장 가까운 친구들은 책임감 있는 행동으로 모범을 보임으로써 긍정적인 영향을 미친다. 그들은 학교생활을 잘하고 음주나 폭력 같은 위험한 행동을 멀리한다.

68%의 아이들이 이러한 자산을 가진 것으로 조사되었다.

가정에서

- 자녀의 친구들을 집으로 초대하라. 자녀의 친구들을 환영하고 그들과 친해지려고 노력하라. 종종 그들을 여러분의 가족 활동에 참여시켜라.
- 자녀의 친구들에 관해 자녀와 대화를 나누고 궁금한 점을 물어보라. 자녀의 친구들은 훌륭한 학생들인가? 그들은 무엇에 흥미가 있는가? 부모와는 사이가 좋은가? 여러분의 자녀가 친구들의 어

떤 면을 좋아하는지 알아보라.

Q 긍정적인 우정을 과장되지 않게 칭찬하라. 예를 들어 "제프는 좋은 아이 같구나. 재미있고 성격도 명랑하고 말이야. 네가 그 친구를 집에 데려와서 기쁘단다"와 같이 말하는 것이다.

Q 부정적으로 보이는 우정을 비판하지 않도록 조심하라. 아이들은 대부분 부모가 싫어하는 친구와의 우정을 방어하려는 경향이 있어서 우정을 지키려고 더 노력하게 된다.

Q 자녀의 친구들을 겉모습만 보고 성급히 판단하지 마라.

Q 자녀 친구들의 부모에 대해 알고 있어라. 학교 축제나 지역사회 모임, 종교단체 활동에서 자녀가 여러분을 소개하게 하라.

Q 아이들은 다른 사람의 행동을 보고 배운다. 스스로에게 이렇게 물어보라. '친구들은 책임감 있게 행동하는가? 친구들은 아이에게 좋은 영향을 미치는가?'

학교에서

Q 학생들을 훈련시켜 또래 상담가나 조력자가 되게 하라. 또래들이 좋아하고 따르는 아이 중에 훌륭한 역할 모델이 될 만한 아이를 선택하라.

Q 학생들에게 공동 학습의 기회를 제공하라. 그러한 경험을 통해 모든 아이가 혜택을 얻도록 하라. 다만 학습 진도가 빠른 학생이

그렇지 않은 학생을 가르치느라 시간을 다 쓰게 해서는 안 된다.
- 학생들이 방과 후 토론 동아리 활동을 통해 우정이나 또래 압력 peer pressure(또래 집단에게서 받는 사회적인 압력_옮긴이), 그 밖에 관련 주제에 관해 이야기를 나누도록 하라. 동아리의 후원 교사를 자원하라.
- 수업 시간에 우정에 관해 가르쳐라. 학생들이 우정에 관해 생각해보게 하라. 우정은 그들에게 이로웠는가, 아니면 해로웠는가? 아이들은 그것을 어떻게 아는가? 아이들이 좋은 친구를 사귀고 우정을 쌓을 수 있도록 도와라.

지역사회에서

- 청소년들이 긍정적이고 책임감 있는 행동의 모범을 보일 수 있도록 기회를 제공하라. 예를 들어 청소년 자원봉사 활동을 장려하고, 지역 위원회 및 시위원회 활동에 청소년의 참여를 격려한다. 지역 봉사활동을 통해 다른 사람을 돕는 것도 훌륭한 모범이 되는 한 방법이다.
- 청소년의 건전한 선택들에 대해 긍정하고 격려를 보내라. 예를 들어 게임 중독이나 음주, 폭력에 반대하는 포스터 제작에 아이들을 참여시키고, 아이들의 서명을 받아 지역사회에 전시하는 것 등이다. 지역 신문이나 웹사이트에 이들 학생들의 이름을 발표하

고, 매체들이 지역사회에 변화를 가져온 청소년들에 관한 기사를 쓰도록 하라.
- 훌륭한 역할 모델이 되어준 지역사회 청소년들을 위한 시상식을 후원하라. 주민들은 비밀 투표를 통해 어린이와 10대 청소년 후보를 추천할 수 있다.

청소년·종교단체에서

- 또래 지원 프로그램을 시작하라. 청소년들을 교육해 다른 친구들의 말에 귀 기울이고 적절한 조언과 제안을 해주도록 하라. 그들에게 언제 어떻게 어른들에게 도움을 요청해야 하는지 가르쳐라.
- 청소년들에게 학교 친구들과 지역사회 또래들에게 긍정적인 영향을 미치는 방법을 생각해보게 하라. 청소년 주말 수련회에서 다룰 훌륭한 주제가 될 수 있다.
- 종교단체 내 청소년 역할 모델들을 칭찬하라.
- 청소년 프로그램의 정기적인 토론 주제에 우정을 포함하라. 아이들에게 그들의 친구들에 관해 물어보라. 우정이 그들이 믿는 가치와 어떻게 일치하는지 생각해보게 하라.
- 아이들이 같은 종교단체에 속하지 않은 친구들과도 어울릴 수 있게 다양한 청소년 행사를 후원하라.

: 자산 16 :

높은 기대

부모와 교사는 아이들이 잘하도록 격려한다.

55%의 아이들이 이러한 자산을 가진 것으로 조사되었다.

가정에서

- 각기 다른 재능을 타고난 자녀 한 명 한 명에게 최선의 기대를 하라. 아동 발달을 공부해 실질적인 지식을 쌓고, 아이들이 저마다 얼마나 다른지를 이해하라. 아이들은 기대가 높지만 그런데도 이룰 만할 때, 기대에 부응하려고 열심히 노력하게 된다.
- 자녀에 대한 부모로서 기대를 주기적으로 점검하고, 필요하다면 재조정하라.
- 자녀가 잘하는 것에 주목하라. 그리고 재능이나 능력, 태도, 우

정, 기술, 지능, 친절함 또는 여러분이 발견한 장점이 무엇이든 아이를 칭찬하라.

- 여자아이든 남자아이든 모두 자립심을 갖도록 격려하라.
- 자녀의 능력을 긍정하는 동시에 자기 행동에 책임지게 하라.
- 지나치지 않는 범위에서, 자녀를 자극하고 도전하게 만들 새롭고 창의적인 방법을 늘 찾아라.
- 자녀는 자신에게 어떤 기대를 가지고 있는지 물어보라. 자녀의 말을 주의 깊게 들어라.
- 높은 기대를 갖는 것과 모든 일에 최고가 되기를 바라는 것은 다르다는 사실을 아이에게 이해시켜라.
- 인생의 많은 어려움을 극복하고 놀라운 일을 해낸 사람들에 관한 감동적인 이야기를 찾아 자녀와 공유하라.
- 자녀가 어려워하는 학교 과제나 과외 활동을 잘할 수 있도록 격려하라. 아이 곁에서 아이와 함께 하라.
- 아이에게 실수를 허용하고 실수에서 교훈을 얻게 하라.
- 여러분 자신이 어려운 일에 도전함으로써 높은 기대의 이로움을 직접 보여줘라. 강의를 듣거나 기술을 배우고, 취미 생활을 시작하는 등 다양한 방식으로 힘껏 노력하라.

학교에서

- 교사로서 여러분이 학생들에게 무엇을 기대하는지 말해줘라.
- 기대에 관해 학부모들과 대화를 나눠라. 학부모들에게 여러분이 아이들에게 어떤 기대를 하는지 설명하고, 그들은 자녀에게 어떤 기대를 하는지 알려달라고 하라. 그리고 서로 협력하라.
- 소수의 특별한 학생만이 아니라 모든 학생에게 높은 기대를 하라 (어떤 학생에게는 '높은' 기대가 다른 학생에게는 '낮은' 기대일 수 있다는 사실을 명심하라).
- 학생들에게 긍정적인 위험을 감수하고 꿈과 이상을 위해 행동하도록 격려하라. 긍정적인 위험과 어리석은 위험의 차이를 가르쳐라.
- 학생들에게 재능과 능력을 계발하는 데 필요한 도구를 제공하라.
- 학생들에게 가라앉거나 헤엄칠 기회를 제공하라. 아이들은 곧잘 위기를 극복해낼 것이다. 어른이 늘 아이의 행동을 지시해야 한다고 생각하지 마라. 아이 스스로 헤쳐나가게 한 다음 무슨 일이 일어나는지 지켜보라.
- 학습 방식과 능력이 각양각색인 아이들을 위해 도전의식을 불러일으킬 다양한 학습 기회를 마련하라.

지역사회에서

- 특출한 재능을 보이는 몇몇 아이뿐만 아니라 만나는 모든 청소년에게 높은 기대를 갖도록 어른 지도자들(코치, 합창단 지휘자, 단체 지도자, 자원봉사 관리자 등)에게 계속 주지를 시켜라.
- 탈선 행동을 하는 몇몇 아이도 있지만, 분명 많은 청소년들이 긍정적인 성취를 이뤄낸다는 사실을 TV나 라디오, 신문, 웹사이트를 비롯한 지역 매체들이 집중 조명하도록 요청하라.
- 공부, 스포츠, 공연, 봉사활동, 지도력, 창의성, 용기 등 다양한 분야에서 뛰어난 능력을 발휘하는 아이들을 주목하라.
- 여러분이 만나는 청소년들에게 위대한 일을 해낼 수 있다는 확신을 심어줘라.
- 여러분이 고용주든 고객이든, 일터에서 만나는 청소년들에게 높은 기대를 가져라.
- 부모들이 어떻게 하면 자녀들에게 합리적인 기대를 할 수 있는지 그 방법을 배울 수 있게 아동발달에 관한 강의나 워크숍 등을 후원하라.

청소년·종교단체에서

- 청소년들에게 어떤 기대를 갖는지 말해줘라.
- 단체 내 모든 어린이와 10대 청소년들에게 높은 기대를 가져라.

- 청소년들에게 새로운 활동을 시도하거나 새로운 기술을 쌓을 수 있는 기회를 제공하라. 여러분이 그들에게 성공을 기대한다는 사실을 알게 하라.
- 종교 교육을 도전적이고 흥미로운 과정으로 만들어라.
- 부모들에게 자녀가 현실적이면서도 도전적인 기대를 갖도록 하는 방법을 교육하라.

긍정자산 만들기

캐나다 브리티시컬럼비아 주 펜틱턴에 있는 맥니콜 파크 중학교의 돈 매클린타이어Don MacIntyre 교장은 자산 만들기를 학교의 주요 가치로 삼았다.

"긍정적이며 지원을 아끼지 않는 학교 분위기와 문화를 만들어내는 것이 우리가 해야 할 가장 중요한 일이라고 생각했습니다."

이러한 목표를 달성하기 위해 매클린타이어 교장과 교직원들은 긍정적이고 생산적인 행동을 강조했다. 그들은 학교가 학생들에게 기대하는 바람직한 행동들을 구체적으로 명시했다. 가령 학생들은 어떤 상황에서도 '힘껏 노력하고, 손발을 얌전히 두며, 다른 사람의 노력과 공헌을 존중할 준비가 되어 있어야 한다'는 요구를 받았다.

교직원들은 훌륭한 행동을 하다 '들킨' 학생들에게 '잡았다!' 표를 나눠주기 시작했으며, 이들을 대상으로 매주 추첨을 통해 상을 주었다.

"학생들의 행동을 개선하는 이런 정책을 시행한 2년 남짓한 기간에 징계위원회에 보내지는 학생 수가 급격히 줄었습니다."

매클린타이어 교장은 말했다.

"학생들은 옳은 행동을 하도록 많은 지원을 받습니다. 학교의 기대에 부응한 학생들에게 고맙습니다."

PART 4

건설적인 시간 활용 CONSTRUCTIVE USE of TIME

아이들은 창조적인 활동이나 청소년 프로그램, 종교단체 활동, 그리고 가정에서 보내는 충실한 시간을 통해 성장에 필요한 건설적이면서도 풍부한 경험을 많이 할 필요가 있다.

건설적인 시간 활용 자산 네 가지는 다음과 같다.

17. 창조적인 활동
18. 청소년 프로그램
19. 종교단체
20. 가정에서 보내는 시간

아이들은 애정을 갖고 그들의 기술과 창의성을 키워주는 어른들과 더 많은 시간을 보낼수록 더욱 건강하게 자랄 가능성이 높다.

: 자산 17 :

창조적인 활동

아이들은 1주일에 3시간 이상 음악과 연극을 비롯한 예술 수업을 받거나 연습을 한다.

20%의 아이들이 이러한 자산을 가진 것으로 조사되었다.

가정에서

- 자녀가 예술 활동을 하도록 격려하라. 가능하면 스스로 예술 분야를 선택하게 하라. 악기 연주, 연기나 노래, 무용, 그림, 글쓰기, 데생, 도자기 빚기 등 자녀가 흥미를 보이는 것은 무엇이든 좋다. 악기, 재료, 수업(단체수업도 좋다) 등을 제공하고 연습 시간을 주도록 한다.
- 자녀의 공연을 보거나 자녀의 글을 읽고 작품을 감상하는 등, 여러분이 자녀를 지원하고 있다는 사실을 보여줘라. 그들의 노력을

인정해주고 박수를 보내라.

◌ 어느 정도 합리적인 경계를 정하되 자녀가 몇 시간씩 드럼을 치거나 식탁에서 과장된 연기를 하고, 샤워하며 노래하고, 지하실 바닥 여기저기에 페인트를 묻힌다고 야단치지는 마라.

◌ 예술을 일상으로 만들어라. 가족이 함께 음악을 듣고 연극이나 뮤지컬, 콘서트, 무용, 영화, 오페라를 감상하고 미술관이나 문화센터를 방문하라. 이때 아이가 하고 싶어 하는 활동을 하게 해주는 것을 잊지 마라.

◌ 어렸을 때 악기를 배운 적이 있다면 다시 배워보라. 자녀에게 훌륭한 모범을 보이고 자주 연습하라. 또는 합창단에 가입하거나 연극 오디션을 보고, 그림 붓을 들거나 시를 써보라. 그리고 여러분의 설레는 감정을 자녀와 나눠라.

◌ 적극적으로 다양한 예술 관련 경험을 해보라. 인터넷 등에서 무료 공연 정보를 얻어라. 자녀에게 교내 연극 공연이나 연주회, 예술 전시회가 있는지 물어보고 가족과 함께 참석하라.

학교에서

◌ 형편이 어려운 학생들을 위해 학교에서 무료로 악기나 미술 재료, 개인 지도 등을 제공하라. 재정이 부족하면 학부모나 지역사회로부터 도움을 받아라.

○ 학교 재정이 부족할 때 가장 먼저 줄이는 것이 음악이나 미술 관련 프로그램이다. 관련 프로그램을 지키거나 되살리기 위해 노력하고, 지역사회에 도움을 요청하라.

○ 음악을 지식을 넓히고 강화하는 학습 도구로 활용하라. 역사적으로 유명한 인물들을 조명하면서, 중요한 음악가를 소개하고 대표곡을 감상하게 하라. 세계의 다양한 문화와 언어를 배우는 수업에 음악을 포함하라.

○ 지역 예술가들의 공연을 후원하라. 저명한 음악가가 자신의 기술과 전문성을 청소년들과 공유하는 전문 수업의 기회를 마련하라.

○ 학예발표회를 열고 많은 학생들이 참여하도록 하라.

지역사회에서

○ 청소년이 활동하는 밴드, 관현악단, 연극 동아리, 댄스 동아리, 보컬그룹을 후원하고 연습 장소를 제공하라.

○ 지역 행사에 지역 예술가들(청소년 관현악단, 재즈밴드, 극단, 중창단, 아마추어 밴드)을 초대하라. 예술적 재능이 있는 아이들에게 지역 행사를 알리는 현수막이나 포스터, 전단 등을 제작하게 하라.

○ 학교들에 연락해 교내 예술 프로그램을 활성화하는 데 필요한 것이 있는지 확인하라. 오디오 장비? 중고 악기? 미술용품? 연극 소품? 지역 신문에 지역주민의 지원을 요청하는 기사를 실어라.

- 청소년들과 그 가족들이 다양한 예술 공연을 경험할 수 있도록 무료 지역사회 행사를 후원하라.
- 세계 음악 연주회, 민속무용 공연, 다문화 축제 등을 후원함으로써 다양성을 존중하는 분위기를 만들어라.

청소년·종교단체에서

- 청소년을 위한 밴드, 성가대, 합창단, 기타 음악 단체를 결성하라. 또는 성인 단체에 청소년을 가입시켜라.
- 특히 여름철처럼 합창단원을 모집하기 어려운 시기에는 아이들에게 독창이나 이중창, 중창곡 등을 공연하게 하라.
- 음악에서 스킷 드라마 Skit Drama(교회 혹은 단체 집회 등에서 설교자의 설교 전후로 비교적 짧은 시간에 상연되는 연극의 한 형태_옮긴이)까지, 무용에서 시 낭송회까지 예배 시간에 다양한 공연을 선보여라. 또한 한 달에 하루나 하룻저녁 동안 예술 중심의 예배를 계획하라.
- 종교단체의 학예발표회나 연극 공연을 개최하고 청소년의 참여를 장려하라.
- 종교단체 내 어른들에게 청소년을 위한 무료 예술 지도를 하도록 부탁하라.

: 자산 18 :

청소년 프로그램

아이들은 1주일에 3시간 이상 학교나 지역사회의 스포츠 팀이나 동아리, 기타 단체에서 활동한다.

61%의 아이들이 이러한 자산을 가진 것으로 조사되었다.

가정에서

- 자녀와 자녀의 관심사에 관해 대화를 나눠라. 아이 스스로 흥미를 느끼는 팀이나 동아리, 기타 단체를 찾을 수 있게 도와라. 그중 하나에 가입해 적어도 6개월은 열심히 해보라고 격려하라. 아이들은 종종 너무 일찍 프로그램을 그만두거나 진짜 재미를 느끼기도 전에 다른 프로그램으로 눈길을 돌리는 경우가 많다.
- 자녀가 다니는 학교를 위해 발 벗고 나서라. 기존 동아리에 조언이나 후원을 하고, 관심이 있는 새로운 동아리에 후원을 제안하

라. 예를 들어 아마추어 천문 동아리, 사진 동아리, 글쓰기 동아리, 요리 동아리 등이 여기에 해당할 것이다. 봉사활동 시간을 내기 어렵다면 돈이나 물품 등으로 도와라.
- 방과 후 활동에 참여하는 아이들을 위해 승용차 함께 타기를 시작하거나 동참하라.
- 관심 있는 팀이나 동아리, 단체에 가입해 활동함으로써 자녀에게 모범을 보여라.

학교에서

- 학생들의 다양한 요구와 관심을 충족하는 방과 후 활동들을 제공하라.
- 지역 청소년 활동 진흥센터를 구축하라. 게시판에 교내 활동과 함께 지역사회 활동을 공지하고 학교 웹사이트나 공지를 통해 학생들에게 알려라.
- 학생들의 과외활동을 장려하라. 가능하면 학교 및 지역사회 단체와 동아리들을 연합하거나 통합시킨다.
- 학생 가이드북에 팀이나 동아리, 단체, 기타 방과 후 활동을 자세히 소개하고, 학교 웹사이트가 있다면 그곳에도 게시하라. 가정통신문을 통해 학부모에게도 그 사실을 알려라.
- 학생들에게 새로운 프로그램을 제안하게 하고, 학생들 스스로 새

로운 단체를 만들고 이끌어갈 수 있도록 하라.
- 청소년 프로그램에 자발적으로 참여하는 교사들을 응원하라.

지역사회에서

- 각종 매체와 포스터, 지역사회 게시판, 웹사이트 등을 통해 청소년 프로그램을 홍보하라. 학생들은 이러한 프로그램이 있는지 몰라서 참여하지 못하는 경우가 많다.
- 청소년 프로그램에 아이들을 참여시키기 위해 특별 할인이나 홍보용 제품, 경품 등을 활용하라.
- 아이들이 프로그램에 쉽게 참여하게 하라. 아이들이 사는 지역이나 아이들이 이용하는 버스 노선 근처에 건물을 마련하거나 별도의 교통수단을 제공하라.
- 현재 운영되는, 특히 청소년에게 인기 없는 프로그램들을 평가해 보라. 그러한 프로그램들은 청소년이 정말로 원하고 필요로 하는 것을 제공하고 있는가? 그냥 어른들이 청소년이 원하고 필요한 것이라고 생각하는 것을 제공하고 있지는 않은가?
- 노인과 젊은이, 어른과 아이가 함께 참여할 수 있는 프로그램을 만들고 지원하라.
- 이웃, 지역사회, 종교단체의 청소년 프로그램을 지도하고 지원하는 일에 적극적으로 나서라.

◌ 학생들의 과외활동을 위한 학교의 모금 운동을 지원하라. 지역 신문에 학생들에게 필요한 장비와 보급품, 그 밖에 원하는 물품의 '희망 목록'을 싣고 사람들에게 도움을 요청하라.

◌ 특히 기존 단체들에서 소외된 아이들이 참여할 수 있게 다양한 활동을 후원하라.

◌ 청소년 프로그램에 자발적으로 참여하는 지역사회 구성원들에게 감사를 보내고, 지역 신문에 그들에 관한 이야기를 소개하라.

청소년·종교단체에서

◌ 아이들이 중요한 과외활동에 지장을 받지 않도록 청소년 프로그램 활동을 조정하라. 예를 들어 아이들이 봄에 야구 경기를 많이 한다면, 청소년 단체 활동을 아이들의 연습과 게임 일정에 맞추려고 노력한다.

◌ 청소년들이 지역사회 단체에 참여자로서나 지도자로서 적극적으로 활동하도록 격려하라.

◌ 어른 회원들이 자발적으로 청소년 과외활동의 후원자로 나서도록 격려하라.

◌ 지역 청소년 단체를 위해 정기적으로 기부하라.

◌ 청소년 단체나 동아리에 후원을 제안하거나 기존 단체에 장소를 제공하라. 많은 스카우트 단체가 지역 종교단체의 후원을 받는다.

: 자산 19 :

종교단체

> 아이들은 1주일에 1시간 이상 예배를 보거나 종교단체 활동에 참여한다.

51%의 아이들이 이러한 자산을 가진 것으로 조사되었다.

가정에서

- 종교단체를 신중히 선택하라. 여러분 가족의 가치를 중요하게 생각하는 종교단체를 만나면, 자녀는 그 가치를 내면화해 책임감 있는 결정을 하게 될 가능성이 높다.
- 가능하면 자녀로 하여금 종교단체를 선택할 권한을 주도록 하라. 예배 시간도 아이 스스로 선택할 수 있게 하라.
- 부모가 종교 활동에 적극적으로 참여함으로써 자녀 역시 적극적으로 참여하도록 격려하라. 그저 예배나 수업에 데려다주고 끝난

뒤 다시 데려오는 역할에 머물지 마라.
- 일상생활에서도 신앙적인 믿음으로 살려고 노력하라. 자신의 가치관과 가장 잘 맞는 방식들을 선택하라.
- 가족과 관련한 중요한 결정을 내릴 때는 종교적 맥락을 고려하라.
- 청소년을 위한 종교 수업의 선생님이나 조교로 자원하라.

학교에서

- 중요한 종교 기념일에 가능하면 학교 행사를 계획하지 말고, 학교 관계자들(학생과 교직원)의 다양한 종교적 전통을 배려하라.
- 지역 종교단체들과 기념일과 활동 일정을 공유하라. 서로 중요한 일정이 겹치지 않도록 적절히 조절하라.
- 학급 토론 시간에 다양한 종교 기념일과 전통 등에 관해 이야기를 나눠보라.

지역사회에서

- 종교 기념일을 고려하여 계획을 세우고, 지역 내 다양한 종교적 전통을 존중하려고 노력하라.
- 지역 청소년협의회와 대책위원회에 종교단체 청소년 지도자들을 참여시켜라.

Q 지역 종교단체와 제휴해 청소년 행사를 후원하라.

Q 지역의 다양한 종교에 관한 강연 발표를 후원하라. 서로 다른 종교단체의 대표들을 연사로 초청하고, 그들의 강연 발표를 널리 알려라.

Q 청소년을 위한 종교단체 활동을 지역 케이블 방송이나 웹사이트에 게시하라.

청소년·종교단체에서

Q 종교단체 내에 청소년들의 고민이나 필요, 흥미, 문제를 해결하기 위한 프로그램을 만들어라.

Q 고등학생 때에도 종교단체 활동에 적극 참여하게끔 계획을 세워라.

Q 청소년 대표를 이사회 활동에 참여시켜라.

Q 아이들이 청소년 활동이나 프로그램, 특별 행사 등에 대한 아이디어를 내도록 권하라.

Q 청소년이 자신의 종교에 대해 더 많이 알 수 있도록 강좌를 개설하라. 필요하다면 다른 종교에 대해서도 배울 수 있도록 하라.

Q 여름 동안 아이들과의 교류가 단절되지 않게 유의하라. 1년 내내 아이들이 흥미를 갖고 참여할 수 있도록 관계를 유지하고 프로그램을 진행하라.

: 자산 20 :

가정에서 보내는 시간

아이들이 '특별히 하는 일 없이' 밤에 친구들과 어울리는 횟수는 1주일에 두 번 이하이다.

56% 의 아이들이 이러한 자산을 가진 것으로 조사되었다.

가정에서

- 주중에 자녀가 친구들과 밖에서 어울리는 횟수를 제한하라. 가족회의를 통해 합리적이고 공정하게 정하라. 주중에 네 번은 저녁 시간을 가정에서 보내는 것처럼 기본적인 지침부터 시작하면 좋다.
- 주중에 네 번은 저녁 시간을 가정에서 보내는 규칙을 엄격히 지키되 예외를 인정하라. 아이들이 창의적인 활동이나 청소년 프로그램, 봉사활동 등에 참여하도록 격려하라. '구체적으로 뭔가 할 일

이 있는 것'과 '특별히 할 일이 없는 것'의 경계를 명확히 하라.
- 가정에서 보내는 시간이 가족 모두에게 즐거울 수 있게 하라. 모두가 즐길 수 있는 일을 하며 시간을 보내라. 좋아하는 게임을 하거나 영화를 보고, 책을 읽거나 산책을 하거나 자전거를 타는 것도 좋다.
- 자녀가 어디에서 누구와 있는지 늘 파악하라.
- 자녀가 아르바이트를 한다면, 일하는 시간을 1주일에 15시간 이하로 제한하라. 연구 결과 주중에 15시간 이상 일하는 청소년은 그보다 적게 일하는 청소년보다 더 많은 문제를 겪는 것으로 나타났다.
- 가정에서 시간을 보낼 때 밤에 가끔(매번은 아니다) 자녀가 친구들을 초대하는 것을 허락하라. 과학 공부를 하거나 영화를 보게 해도 좋다.
- 자녀가 집에서 혼자 보내는 시간을 제한하고 가능한 한 자녀와 많은 시간을 보내도록 하라. 가족이 다 함께 식사하고, 언제든 자녀의 숙제를 돕거나 대화할 수 있게 분위기를 만들어라.
- 가정이 가족 모두에게 따뜻하고 즐거운 장소가 되게 하라. 무엇보다 자녀가 머물고 싶어 하는 장소가 되는 것이 중요하다. 가족이 서로 너무 싸우거나 대화가 안 된다면 가족 상담사와 같은 외부 전문가에게 도움을 요청하라.

학교에서

- 학생들이 야간에 학교 활동에 참여하는 횟수를 1주일에 몇 번으로 제한하라.
- 코치나 동아리 후원자를 비롯한 관계자들이 학생들에게 너무 많은 일정을 요구하지 않도록 부탁하라.
- 학교의 특별 행사 일정을 휴일이나 기념일에 집중하기보다는 학기 중에 골고루 분산해 계획하게 하라.

지역사회에서

- 아이들의 야간 활동 횟수를 제한하라.
- 학교, 종교단체, 지역사회 단체, 공원 등에서 열리는 모든 종류의 청소년 활동을 포함한 지역사회 일정표를 만들어라. 그런 다음 일정표를 지역 신문이나 케이블 방송, 지역 웹사이트에 배포해, 가족이 계획을 세우고 우선순위를 정할 수 있게 하라.
- 자녀와의 의사소통에 관한 학부모를 위한 워크숍을 후원하라. 가족이 함께하는 활동과 프로젝트에 관한 아이디어를 제안하라.
- 부모의 저녁 활동과 모임 횟수를 제한함으로써 가정에서 자녀와 더 많은 시간을 보낼 수 있게 하라. 가정에서 가족과 함께 보내는 것이 얼마나 중요한지를 잊지 않게 하라.

청소년·종교단체에서

- 각 가정이 정기적으로 '가족의 밤'을 보내도록 요청하라. 가족이 참여하는 활동과 프로젝트에 관한 아이디어를 제안하고, 가정에 발송하는 주보나 우편물에 이러한 아이디어를 소개하라.
- 청소년 프로그램과 관련해 청소년이 야간 활동에 참여하는 횟수를 제한하라.
- 어른들의 저녁 활동과 회의, 수업, 위원회 참여 횟수를 제한함으로써 가정에서 가족과 더 많은 시간을 보낼 수 있게 하라.

긍정자산 만들기

전 세계 여러 나라와 마찬가지로 남아프리카공화국도 일반적인 문제들 때문에 골머리를 앓고 있다. 갈수록 아이들의 활동량이 점점 더 줄어들고 있으며, 많은 학교가 예산 삭감에 직면해 있는 것이다. 케이프타운 퓨처 팩토리에 사는 마이클 반 루트Michael van Roodt는 뭔가 변화가 필요하다고 생각했다. 아이들은 지금보다 운동을 더 많이 해야 하며, 동시에 긍정자산을 만들고 강화해나가야 한다. 그는 자신이 속한 스포츠발전협회의 다른 지도자들과 함께 여러 학교를 방문해 자산 만들기를 위한 스포츠 프로그램 개설에 관한 아이디어를 나눴다.

그 결과 그들이 만든 청소년 프로그램을 통해 퓨처 팩토리의 학생들은 배구와 축구, 농구 같은 스포츠 활동에 적극적으로 참여하게 되었다. 프로그램의 지도자들은 그 외에도 아이들에게 자치기, 깡통치기, 보드게임, 말뚝 던지기, 줄넘기, 공기놀이 같은 남아프리카공화국의 전통 놀이와 스포츠를 가르쳤다.

이러한 모든 프로그램은 자산 만들기에 기초를 두고 있다. 스스로 자신들을 '자산 팀'이라고 부르는 프로그램 지도자들은 스포츠와 놀이 프로그램의 한 부분으로 자산 구조를 가르치고 강화한다. 퓨처 팩토리의 지도자들은 자산 만들기 스포츠에 대해 주민들로부터 대단히 긍정적인 반응을 얻었다. 일부 사람들은 "아이들의 인생을 변화시키는 경험"이라고 묘사했다. 다른 사람들은 아이들이 학교에 새로운 흥미를 갖게 되었으며, 코치들의 열정이 아이들 속으로 파고들며 많은 영감을 주고 있다고 평가했다.

II 내적자산 만들기
BUILDING INTERNAL ASSETS

PART 5

학습에 전념하기 |COMMITMENT to LEARNING

아이들은 평생 교육과 학습에 전념하는 자세를 길러야 한다.

학습에 전념하기 자산 다섯 가지는 다음과 같다
21. 성취 동기
22. 학교 참여
23. 과제
24. 애교심
25. 즐거운 책읽기

아이들은 학습에 더 전념할수록 더욱 건강하게 자랄 확률이 높다.

: 자산 21 :

성취 동기

아이들은 학교생활을 잘할 수 있도록 격려받는다.

71%의 아이들이 이러한 자산을 가진 것으로 조사되었다.

가정에서

- 여러분이 배우는 것에 대한 가치를 중요하게 여긴다는 사실을 자녀에게 분명히 알려라. 즉 여러분이 학교를 중요하게 생각하며, 아이들에게 그 점을 진지하게 받아들일 것을 기대한다는 사실을 분명히 알려라.
- 부모가 먼저 평생 학습의 모범을 보여라. 늘 새로운 것을 배우고 발견하며, 새로운 주제를 탐구하는 일에 흥미를 보여라.
- 자녀의 성적에 관해 교사와 늘 연락을 주고받아라. 그저 자녀가

성적표를 가져다주기만을 기다리지 마라.

- 내부에서 외부로 향하는 동기부여를 하라. 자녀의 관심과 열정에 관심을 기울이고, 그것을 자녀가 학교에서 배우는 것과 연결하려고 노력하라. 자녀의 배움에 대해 돈이나 보상, 혹은 지나친 칭찬으로 '대가'를 지급하지 마라. 그것은 외부에서 내부로 향하는 동기이다.

- 자녀와 함께 학습하라. 함께 새로운 장소를 탐험하라. 같은 책을 읽고 토론하거나, 모든 가족이 읽을 책을 한 사람씩 돌아가며 선택하라. 브레인스토밍을 통해 가족들이 궁금해하는 문제 목록을 만들고 도서관에 가서 답을 찾아보라.

- 학교에서 최선의 노력을 다하도록 자녀를 격려하되 완벽을 기대하지 마라. 실수해도 괜찮다는 것을 보여줘라.

- 자녀가 학교에서 배운 것을 실제 상황과 연결하라. 예를 들어 자녀가 각 지역의 중심지에 대해 배운다면, 여러분이 사는 지역의 중심지를 함께 방문해보라.

- 자녀가 학교에 무관심하거나 가기 싫어한다면 이유를 물어보라. 수업이 너무 쉽거나 혹은 너무 어렵지 않은가? 학생들은 필요한 지원과 도움을 받고 있는가? 학교에서 안전함을 느끼는가? 교사들과 이야기를 나눠보라. 상황을 변화시키기 위해 다른 학부모나 교직원들과 협력해 여러분이 할 수 있는 일을 하라. 전혀 상황이 개선되지 않는다면 자녀의 학교를 바꾸도록 한다.

학교에서

- 수업 내용과 교과 과정을 실제 상황이나 쟁점과 연결해 가르쳐라. 가능한 한 학습 자료를 많이 활용하라.
- 학생들은 저마다 다른 방식으로 배운다. 교사들이 학생에 따라 고유한 학습 방식이 있다는 사실을 깨닫고 그것에 맞게 가르치도록 노력하라.
- 학생들이 자신만의 흥미와 능력을 발견하면서 이루는 다양한 분야의 성취를 칭찬하고 격려하라.
- 교사들이 학생 개개인에 관해 잘 알도록 격려하라. 교사에게서 받은 개인적인 관심과 애정은 학생에게 그 무엇보다 큰 동기 부여가 될 수 있다.
- 정기적이고 지속적인 대화를 통해 학생들이 학습에 적절한 도전과 지원을 받고 있는지 확인하라. 만약 그렇지 않다면 학생들의 학습과 경험을 향상하기 위해 여러분이 어떻게 협력할 수 있는지 논의하라.
- 공부를 잘하는 학생을 인정하고 칭찬하라. 운동 우수자와 마찬가지로 성적 우수자에게도 공식 행사를 통해 상을 수여하라. 게시판에 운동을 잘하는 학생뿐만 아니라 학업 성적이 뛰어난 학생을 소개하라. 그리고 지역 매체가 지역 내 뛰어난 학업 성취자들에 관해 보도해주도록 요청하라.

지역사회에서

- 청소년 프로그램이 즐겁고 의미 있으며 지적인 도전이 되도록 하라. 청소년이 박물관, 전시회, 영화, 강연, 그 밖에 학습 기회를 접할 수 있도록 후원하라.
- 아이들이 학교에서 배운 지식을 활용해 청소년 프로그램의 문제들을 해결하도록 하라. 가령 학교에서 문화적 다양성에 관해 배웠다면, 청소년 프로그램이 더욱 문화적 다양성을 포용할 수 있도록 훌륭한 방안을 내놓을 수 있다.
- 열정적이고 학업 성취도가 우수한 고등학생들을 어린 학생들과 함께 지역사회 사업에 참여시켜라. 고등학생들이 어린 학생들에게 영감을 불어넣을 것이다.
- 성인과 학생 모두를 포함해 지역사회 내 우수 학습 성취자들이 참여하는 초청 강연 프로그램을 개설하라. 지역 학교들이 그들을 연사로 초청하도록 널리 홍보하라.
- 학교에 교사나 멘토로 자원봉사를 하라. 자신의 시간과 전문 지식을 기부함으로써 여러분이 학습을 가치 있게 여긴다는 사실을 보여줘라.

청소년·종교단체에서

- 모든 청소년 프로그램에서 교육의 가치를 강조하라. 만약 특정

과목의 학습 방식이 마음에 들지 않는다면 교육 전체를 비판하지 말고 그 점에 관해서만 문제를 제기하라.
- 청소년 단체에서 자주 다루는 주제에 학교를 포함하라.
- 청소년 프로그램이 지적인 도전이 되도록 힘써라. 이를 통해 청소년들이 종교, 신학, 윤리학의 깊은 관계를 보고 이해하며 생각하도록 하라. 그러면 아이들은 학교에서 배운 내용을 적용해볼 수 있을 것이다.

: 자산 22 :

학교 참여

아이들은 학습에 적극적으로 참여한다.

62% 의 아이들이 이러한 자산을 가진 것으로 조사되었다.

가정에서

- 학교와 학습에 관해 자녀와 대화를 나눠라. 자녀에게 매일 학교에서 무슨 일을 했고 무엇을 배웠으며, 학교의 어떤 점이 좋고 어떤 점이 싫은지 물어보라. 자녀가 학교에서 어떻게 지내는지 늘 파악하라.
- 학습을 가족의 일로 여겨라. 자녀가 좋아하는 주제에 관해 가족이 함께 더 배우고, 그렇게 얻은 지식을 여러분이 취미와 관심사에 활용하라. 함께 새로운 기술을 배워라.

○ 자녀를 잘 먹이고 충분히 재움으로써 학교에서 공부에 집중할 수 있게 도와라.
 ○ 학교 회의나 행사에 참석하라.
 ○ 자녀가 학교에서 참여할 수 있는 활동들에 대해 알도록 도와줘라. 흥미 있는 기회를 모르고 지나칠 수 있다.
 ○ 가정에서 바람직한 공부 환경을 제공하라. TV 시청이나 컴퓨터와 휴대폰 사용 시간을 제한하고 책이나 잡지, 신문을 늘 곁에 둬라. 가족이 함께 식사하면서 최근의 사건들을 주제로 이야기를 나누는 것도 좋다.
 ○ 자녀가 학교생활과 관련해 좌절감이나 실망감을 표시하거나 다른 문제를 이야기하면, 그것이 아주 사소한 문제일지라도 진지하게 받아들여라. 그리고 즉시 교사와 상담하라.
 ○ 평생학습의 모범을 보여라. 여러분이 관심 있는 분야의 강의를 듣고 그와 관련해 자녀와 대화를 나눠라.

학교에서

 ○ 학년 초에 설문 조사 등을 통해 학생들의 관심사를 파악하고, 그것을 바탕으로 학생들이 흥미를 느낄 만한 과제를 내주도록 하라.
 ○ 학생들에게 다양한 교수법을 적극적으로 적용하라. 학생들의 모든 감각을 자극하고 학습 진도에 맞게 가르쳐라.

- 수업 시간에 배우는 내용을 학생들의 실제 상황이나 쟁점, 관심사와 연결하라. 아이들이 학교에서 배우는 지식과 실제 삶이나 지역사회와 세계에서 일어나는 사건들과의 연결점을 찾아라. 그리고 학생들에게도 그렇게 하도록 하라.
- 토론 그룹을 만들어 방과 후나 점심 시간에 학생들이 쟁점이나 관심사, 문제, 두려움, 희망, 꿈 등을 자유롭게 이야기할 수 있도록 하라.
- 학생들 스스로 학습 경험을 평가해보도록 하라. 학교에 더욱 흥미를 갖고 적극적으로 참여한다고 느끼게 하려면 무엇이 더 필요한지 물어보라.
- 따뜻하고 친절한 교실이 되게 하라.
- 학생들이 학습에 지속적으로 열정을 갖게 하는 교사들에게 응원을 보내거나 보상하라. 학생들로 하여금 '올해의 교사'를 뽑게 하는 것도 하나의 방법이다.

지역사회에서

- 친분이 있는 어린이와 청소년들에게 학교생활이 어떤지 물어보라. 학교생활을 잘하도록 격려하고, 여러분이 학교 다닐 때 경험했던 것들에 관해 긍정적인 이야기를 들려줘라.
- 지역사회와 관련된 학습 계획 및 교육 프로그램 개발에 학교와

협력하라. 그 예로 다음과 같은 것을 들 수 있다. 여러분의 동네는 개천을 살리기 위해 노력하는가? 역사 유적지를 잘 보호하는가? 새로운 도서관을 짓고 있는가? 이러한 주제들과 관련된 수업이 실제적인 학습이라고 할 수 있다.

- 가족을 위한 교육 프로그램을 많이 제공하라.
- 교사, 동아리 리더, 독서 지도사, 혹은 다른 보조적인 역할로 학교에 자원봉사를 하라.
- 여러분의 사업장에서 청소년을 고용한다면 그들의 학교 성적에 관심을 기울이고 열심히 공부하라고 격려하라. 주중 근로 시간은 15시간을 넘지 않게 하고, 학기말 시험 때는 근로 시간을 그보다 더 줄여라.
- 지역 도서관과 협력해 학생들의 학습 프로그램을 후원하라. 아이들과 어른들이 관심 있는 주제를 선택해 1주일에 최소한 한 시간은 개별적으로 공부하도록 하라. 몇 개월 뒤 참가자들은 자신들이 배운 것에 관해 간단한 보고서를 작성하고, 지역 소식지나 웹사이트를 통해 다른 사람들과 공유할 수 있다.
- 학교를 쓸모없거나 지루한 곳으로 묘사하는 매체들에 반박하라.

청소년·종교단체에서

- 종교단체 활동과 청소년들이 학교에서 배우는 주제를 연결하라.

Q 청소년들이 어떤 주제를 더 배우고 싶어 하는지를 조사하고, 전문가를 초청해 그 주제에 관해 가르치고 대화하게 하라.

Q 종교 교육 현장에서 다양한 학습법과 교수법을 활용하고, 종교단체 교사들에게 아이디어와 제안을 요청하라. 다양한 학습법에 관해 배워라.

Q 학습하는 종교단체가 되어라. 모든 회원이 경전에 관해 대화를 나누고, 세대를 아우르는 단체를 결성해 특정 주제에 관해 토론하며, 지역 미술관을 방문해 종교 회화나 조각을 감상하도록 하라.

: 자산 23 :

과제

아이들은 학기 중에 매일 최소한 1시간 이상 과제를 한다.

53% 의 아이들이 이러한 자산을 가진 것으로 조사되었다.

가정에서

- 자녀가 공부에 집중할 수 있게 조용하고 편안하며 밝은 장소를 제공하라. 자녀와 의논해 전화나 방문객 등 방해 요소에 대한 경계를 설정하라.
- 자녀와 함께 규칙적인 과제 일정을 짜고 지키기 위해 노력하라. 과제에 방해되지 않게 식사 시간이나 가족 행사를 조정하라.
- 집에 자료실을 만들고 최신 자료를 갖춰라. 사전, 백과사전, 연감, 지도책 같은 기본적인 자료를 갖추는 것에서부터 시작하라.

- 컴퓨터가 있다면 시디롬 백과사전 구매를 고려하라. 일반 백과사전보다 훨씬 저렴하게 구매할 수 있다. 인터넷을 이용한다면 보다 쉽게 과제를 할 수 있다. 물론 게임 등을 하느라 정작 과제에는 집중을 못할 수도 있다. 따라서 자녀와 의논하여 미리 인터넷 사용 시간과 가서는 안 될 사이트 등을 정해놓는 것이 좋다.

- TV와 컴퓨터를 끄고, 10대 자녀의 방과 후 근로 시간에 제한을 둬라. 전문가들은 1주일에 15시간 이상 일하지 않을 것을 권장한다.

- 과제를 하는 시간이 식사 전이라면 몸에 좋은 간식을 준비하라. 아이들은 배가 고프면 공부에 집중할 수가 없다.

- 항상 자녀의 질문에 대답할 준비를 하라. 어휘력을 늘리고, 자녀의 과제를 확인하고 잘할 수 있게 도와라. 자녀가 과제를 하는 동안 책을 읽거나 공부를 하는 것도 좋다.

- 자녀가 학교 과제의 우선순위를 정하는 것을 도와라. 피로가 몰려오기 전에 어려운 과제부터 먼저 해놓는 것이 좋다. 자녀와 함께 장기적인 과제 계획을 세워라.

- 과제를 하는지를 계속 확인하라. 귀찮아하지 말고 아이에게 자주 다음과 같이 질문해 과제를 잘하고 있는지 점검하라. "과제는 어떻게 되어가니?"

학교에서

- 정기적으로 과제를 내주고, 그 과제를 제출하게 하라.
- 과제나 시험 일정, 장기적인 과제에 관해 동료 교사와 정보를 교환하라. 학생들에게 무리가 가지 않도록 과제를 학년별로 고르게 나눠 내라.
- 가정이나 일, 취미, 지역사회 등 학생들의 생활과 관련 있는 과제를 내라.
- 교사를 비롯한 어른들, 고학년 학생들로 구성된 과제 도우미 긴급전화 서비스를 실시하라. 온라인 게시판이나 과제 도우미 채팅방을 운영하라.
- 학생들에게 참고 자료나 과제에 필요한 도움을 얻기 위한 도서관 및 인터넷 활용 방법을 가르쳐라.

지역사회에서

- 방과 후 학습 프로그램을 제공하라. 아이들이 과제를 하고, 책을 읽고, 글을 쓰고, 시험 공부를 하는 조용한 공간을 따로 마련하라. 그리고 지역의 어른 멘토나 교사들이 관리하게 하라.
- 학생들에게 지역사회 활동이나 프로그램에 참여하기 전에 과제를 먼저 끝내라고 하라. 과제를 다 마쳤는지 직접 확인하기는 어렵겠지만, 아이들에게 과제를 다 마쳤는지 물어볼 수는 있다. 어

른들이 충분한 관심과 걱정을 표현한다면 그것이 지역사회의 모범으로 자리 잡게 될 것이다.

- 방과 후 혹은 저녁 식사 전에 '과제 시간'을 일정에 넣어라.
- 공공 도서관의 자료들을 홍보하고, 아이들이 과제를 할 때 어떤 도움을 받을 수 있는지를 알려라.
- 지역사회 자원봉사자들로 구성된 과제 도우미 긴급전화 서비스를 시작하라. 지역 고등학교들을 설득해 이러한 서비스를 도입하게 하고, 야간이나 주말에 긴급전화 서비스를 위해 일하는 학생들에게 가산점을 줘라. 전화, 책상과 의자, 사전류, 컴퓨터, 참고 자료(가능하면 최신판 시디롬 백과사전을 포함한다) 등을 제공하라.

청소년·종교단체에서

- 종교단체 활동과 학교 과제를 하는 시간이 겹치지 않게 조정하라. 학기 중에는 학생들의 일정을 무리하게 잡지 않도록 주의하라. 평일 저녁 활동은 과제를 끝낸 후 할 수 있도록 시간을 조정하라.
- 어른들과 고등학생들로 구성된 과제 도우미 긴급전화 서비스를 시작하라.
- 청소년 예배실을 공부방으로 개방하라.

: 자산 24 :

애교심

아이들은 학교에 애정이 있다.

61%의 아이들이 이러한 자산을 가진 것으로 조사되었다.

가정에서

- 아이들은 학교에서 자신에게 관심을 기울이는 사람이 있다는 사실을 알 때 학교에 더욱 애착을 보인다. 따라서 자녀에게 선생님과 친구가 관심을 기울인다고 말해줘라. 자녀에게 학교에서 가장 좋은 어른과 친구가 누구이며, 그 이유는 무엇인지 물어보라.
- 애교심을 높이는 활동에 참여하도록 자녀를 격려하라.
- 가정에서 가장 눈에 띄는 곳에 학교 일정표와 공지사항 등을 비치해놓아라. 그리고 한 달에 한 번 회의를 열어 어떤 행사에 참석

할지를 정하라.
- 학교 이름이나 로고가 적힌 티셔츠나 모자 등을 구매하여 자녀로 하여금 학교에 대한 자부심을 느끼게 하라.
- 온라인이나 메일로 학교신문을 구독하라. 그런 다음 내용에 대해 자녀와 토론하라.
- 교사를 초대해 아이와 함께 밖에서 아침이나 점심 식사를 하거나 차를 마셔라. 또는 집으로 초대해 저녁 식사를 함께 하는 것도 좋다.
- 자녀의 학교에서 좋은 일을 했다면 교사나 학교에 감사 편지를 쓰거나 전화를 하라.
- 자녀가 학교에 대한 불만을 토로하거나 자신과 잘 맞는 것 같지 않다고 할 때 아이의 말을 주의 깊게 들어라. 무엇이 문제인가? 걱정되는 점을 자녀의 교사에게 말하되, 차분하고 존중하는 태도를 유지하라.
- 자녀의 학교에 관심을 기울인다는 사실을 직접적으로 보여줘라. 학부모·교사 모임에 가입해 학교 회의와 특별 행사에 참석하고 일일교사나 학부모 도우미로 자원봉사를 하는 것도 좋은 방법이다.

학교에서

- 학생들이 애교심을 드높일 수 있는 기회를 다양하게 제공하라.

학교 게시판과 벽에 애교심을 높이는 표어와 상징으로 장식하는 것도 좋고, 교실마다 고유의 반 기旗를 만들게 하며, 많은 관심과 애정을 갖고 학교 일을 가장 열심히 한 학생, 교사, 학교행정가, 자원봉사자를 대상으로 매달 '애교심 상'을 수여하는 것도 좋은 예이다.

- 학생들이 소속된 학교를 한눈에 알아볼 수 있도록 학교 티셔츠, 모자, 단추 등을 제작하라.
- 학부모들이 학교에서 자원봉사를 할 수 있도록 다양한 기회를 제공하라. 자원봉사를 통해 학부모는 자녀의 학교에 관심을 기울이게 되며, 학부모의 열의는 자녀에게도 전달된다.
- 모든 학생들이 참여할 수 있도록 스포츠, 미술, 연극, 밴드, 합창 등 다양한 프로그램을 구성하라.
- 학교 교지나 신문 등의 제작에 모든 학생의 참여를 유도하라. 학생들이 직접 칼럼을 쓰거나 인터뷰하고, 창작하고, 그림을 그리고, 사진을 찍게 하라.
- 졸업생들에게 학교신문이나 연감, 혹은 웹사이트에 그들에게 학교란 어떤 의미를 갖는지에 관해 글을 쓰게 하라.
- 애교심을 특정한 한 가지 활동(특히 스포츠)에만 연결하지 마라. 학교의 다양한 강점을 축하하라.

지역사회에서

- 학교의 기금 모금, 도서관 이용 운동, 연대를 지원하라.
- 학교 행사나 연극, 연주회에 참석하라.
- 학교 또는 학급 전체를 표창하고, 출석률이 좋은 학생들에게 상을 줘라.
- 지역 매체나 시민 집회, 그 밖에 생각할 수 있는 모든 곳에 학교의 업적을 크게 알려라.
- 학생들이 학교에서의 경험을 지역사회 지도자 및 단체와 공유하게 하라.
- 학교의 재원이 부족해 교육의 질이 떨어지지 않게 하라.

청소년·종교단체에서

- 아이들이 학교에서의 경험을 이야기할 기회를 제공하라. 종교단체에는 여러 지역의 아이들이 있을 것이다. 경험의 공유는 아이들이 서로 연결되고 학교에 대한 자부심을 교환하는 데 도움이 된다.
- 재정적 여유가 있다면 학교를 위해 기금 모금을 하는 청소년들을 지원하라.
- 종교단체 청소년 회원들이 학교 활동에 성인 회원들도 참여하게 하라. 게시판이나 소식지를 통해 활동을 공지하라.

: 자산 25 :

즐거운 책읽기

아이들은 1주일에 3시간 이상 즐겁게 책을 읽는다.

23%의 아이들이 이러한 자산을 가진 것으로 조사되었다.

가정에서

- 부모가 먼저 즐겁게 책을 읽는 모범을 보여라. 자녀에게 여러분이 읽는 책에 관해 이야기하고, 책읽기에 대한 여러분의 열정을 보여라. 인생과 세상에 관해 알 수 있게 해주는 책읽기가 여러분에게 어떤 즐거움을 선사하는지 설명해줘라.
- 매일 또는 매주 정기적으로 가족이 함께 책을 읽어라.
- 가족 활동에서 책읽기가 중요한 자리를 차지하게 하라. 자녀가 싫어하지 않으면 오래도록 자녀에게 책을 읽어주고, 자녀가 어느

정도 자라면 서로 큰 소리로 책을 읽어주게 하라.

Q 자녀가 책, 신문, 백과사전, 연감, 잡지를 포함해 다양한 종류의 읽기 자료를 접하게 하라. 생일이나 기념일에 책과 잡지 구독을 선물하라. 자녀의 방에 책장을 두어 자녀가 자신이 좋아하는 책으로 공간을 채우도록 하라.

Q 정기적으로 자녀와 함께 도서관에 가라. 자신의 이름을 쓸 수 있는 정도의 연령이 된 아이들은 자기 이름이 적힌 도서 대출증을 만들어주라.

Q TV 시청과 인터넷 사용 시간을 제한하라.

Q 가족이 모두 같은 책을 읽고 나중에 그 책을 주제로 토론하라. 자녀에게 가족이 읽을 책을 선택하게 하라.

Q 끝말잇기 같은 게임을 하라. 냉장고에 자석 글자와 단어들을 붙여놓고 가족이 서로 메모를 남기거나 시를 쓰는 것도 좋다.

Q 책을 원작으로 한 영화가 개봉되면 책을 먼저 읽고 가족과 함께 영화를 보러 가거나 집에서 비디오를 빌려 보라. 이후 책과 영화가 어떻게 다른지 대화를 나눠보라.

학교에서

Q 수업 중에 학생들에게 조용히 책 읽을 시간을 주고 교실에 휴식을 위한 안락한 공간을 마련해서 학생들이 자신이 원하는 책을

읽을 수 있게 배려하라.
- 교실에 연감, 동화책, 그림책, 참고도서 등 다양한 종류의 책을 비치하라.
- 책을 싫어하거나 책읽기에 어려움을 느끼는 학생들에게는 오디오북을 듣게 하라.
- 학생들에게 학교신문이나 웹사이트에 독후감을 쓰게 하라. 학교 아침 방송이나 교내 유선 방송망을 통해 간단히 감상문을 소개할 수도 있다.
- 도서관에서 학생들이 재미있게 읽을 만한 책들을 소개하라. 학생회를 조직해 책을 읽고 추천하게 하라.
- 방과 후 책읽기 동아리를 시작하라. 이때 여러 성향의 학생들이 흥미를 갖고 참여할 수 있도록 다양한 종류의 책을 선택하라.
- 책을 좋아하는 저학년 학생들과 고학년 학생들을 짝을 맺어줘라.
- 학생들로 하여금 직접 책을 써보게 하고, 학생들이 쓴 책으로 학급 도서관을 운영하라.

지역사회에서

- 학교, 도서관, 지역 문화센터, 오락실, 공원에서 만나는 아이들에게 자발적인 책읽기의 중요성을 강조하라.
- 지역사회가 주도하여 도서관 이용 운동을 펼쳐라. 시장이나 지역

명사들로부터 독서 상을 받은 학생들을 포상하라.

◌ 학교, 도서관, 이동도서관, 보육원 등 청소년들이 주로 시간을 보내는 장소에 양서와 오디오북을 기증하라.

◌ 지역 도서관이 충분한 재정과 인력을 지원받게 하고, 방과 후나 주말에도 운영되도록 하라.

◌ 서점들이 청소년을 위한 양서를 갖춰놓도록 요청하라.

◌ 모든 연령의 아이들을 위한 '책읽기 동아리'를 운영하고, 참여하는 아이들에게 혜택을 줘라. 지역 사업장과 아이들이 자주 다니는 장소에 포스터와 전단으로 동아리를 홍보하라.

◌ 지역사회 주최로 중고 서적 모으기 운동을 펼치고, 그렇게 모은 책을 불우한 가정이나 보육원 등에 기증하라.

청소년·종교단체에서

◌ 청소년을 위한 도서관과 열람실을 만들어라. 청소년들의 의견을 물어보고, 그들이 관심 있어 할 만한 다양한 책을 구비하라.

◌ 종교단체 도서관에 아이들을 위한 최신 도서를 갖춰라.

◌ 아이들이 예배 시간에 낭독자로 봉사하게 하라.

◌ 설교나 종교 수업 시간에 책을 추천하라.

◌ 아이들에게 교회 소식지에 종교단체의 쟁점이나 관심사를 다룬 책에 관한 감상문을 쓰도록 하라.

긍정자산 만들기

캘리포니아 주 산호세에 사는 린다 실비우스Linda Silvius는 어른들이 나서서 청소년이 건강하게 자라도록 돕는 지역사회와 학교를 만들기 위해 노력하는 청소년 단체 '프로젝트 코너스턴Project Cornerstone'과 함께 일한다.

"이러한 자산 만들기 운동에서 학부모들은 우리의 상비군입니다. 그들은 자산 만들기의 중요성에 대해 목소리를 높이고 있습니다."

실비우스는 학부모들과 함께 자산, 목표, 아이디어에 관해 이야기를 나눴고, 그 결과 학습에 전념하도록 지원하는 활동이 많아졌다. 예를 들어 다음과 같다.

- 학교에서 친구들에게 괴롭힘을 당하는 1학년 자녀를 둔 어떤 부모는 교장과 만나, 학교의 집단 괴롭힘 문제를 줄이고 학생들 사이의 우정을 회복하기 위한 방안으로 책읽기 프로그램을 만들고 싶다고 제안했다. 그녀는 ABC학부모회Asset-Building Champion Parents를 시작했다. 이제 그것은 매달 120명의 학부모가 5,000여 명의 학생에게 책을 읽어주는 모임으로 성장했다.

- 북신 초등학교의 학부모 자원봉사자들은 매주 화요일에 학교에 나와 아이들에게 책을 읽어주고, 점심 시간과 쉬는 시간에 아이들과 놀아준다.

- 스페인어를 하는 엄마들은 학교에서 아이들에게 이중 언어 책들을 읽

어준다. "전에는 학교에 와서 아무 말도 하지 않았던 이들이 이제는 아이들을 지도하고 있지요."
실비우스의 설명이다.

이러한 움직임은 학교의 분위를 조금씩 바꿔나가고 있다. 실비우스는 말한다.
"우리는 한 번에 한 명의 아이, 한 명의 엄마, 한 명의 아빠, 한 명의 선생님을 바꿈으로써 세상을 바꾸고 있습니다."

PART 6

긍정적인 가치 POSITIVE VALUES

아이들은 자신의 선택을 이끌어줄 강한 가치를 찾아내야 한다.

긍정적인 가치 자산 여섯 가지는 다음과 같다.

26. 배려
27. 평등과 사회 정의
28. 성실
29. 정직
30. 책임
31. 절제

아이들은 긍정적인 가치를 더 많이 찾아낼수록 긍정적인 선택을 하고 건강하게 자랄 가능성이 높다.

: 자산 26 :

배려

아이들은 다른 사람을 돕는 일을 매우 가치 있게 여긴다.

52%의 아이들이 이러한 자산을 가진 것으로 조사되었다.

가정에서

- 정기적으로 가족이 함께 다른 사람을 돕도록 하라. 지역 내 노숙자를 위한 무료 식품 진열대나 쉼터, 무료 급식소, 노인 요양시설 등에서 자원봉사를 하라. 아이들은 부모가 다른 사람을 돕는 모습을 지켜보며 많은 감동을 하고, 자신들도 세상을 바꿀 수 있다는 사실을 깨닫는다.
- 이웃에게 애정과 관심을 쏟아라. 주변에 쇼핑이나 주거 관리에 도움이 필요한 노인이 있는가? 정원 가꾸는 일을 도와줘야 할 사

람이 있는가? 그 일에 훌륭한 모범을 보이고, 아이들에게도 적극적으로 참여하게 하라.

◌ 가족회의에서 다른 사람을 돕는 방법에 관해 브레인스토밍을 하라. 그리고 1주일에 몇 시간을 다른 사람을 돕는 데 쓸 것인지 결정하라.

◌ 명절이나 기념일에 가족의 선물을 사는 데 돈을 쓰는 대신 주변에 불우한 가정이 있는지 살펴라(자녀의 학교나 지역 문화센터, 또는 종교단체에 문의해도 된다). 가족이 함께 필요한 물품과 선물 목록을 정한 뒤 그것을 구매하라. 그리고 이웃에게 익명으로 전달하라.

◌ 가정에서 가족이 서로 관심을 기울이고 돕는 분위기를 조성하라.

◌ 자녀들이 그렇게 하기 어려운 상황에서도 다른 사람을 돕고 그들의 노력을 지원할 수 있도록 격려하라. 가령 범죄율이 높은 동네에서 환경 정화 사업을 벌이는 것은 위험해 보일 수 있다. 그러나 사전에 안전 조치를 충분히 취하면 위험보다는 모두에게 돌아가는 혜택이 훨씬 클 것이다.

학교에서

◌ 모든 학생이 봉사활동이나 봉사학습 수업에 참여하도록 하라. 참여자에게는 점수 대신 칭찬으로 보상하라. 지역사회와 협력해 학생들의 봉사가 가장 필요한 곳이 어딘지 알아보고, 아이들 스스

로 선택하게 하라.
- 모든 학생에게 협력학습(학생들이 짝을 이루거나 작은 그룹을 만들어 서로 적극적으로 도와가며 공동의 목표를 가지고 함께 공부하는 것_옮긴이)의 기회를 제공하라. 똑똑한 학생들만 다른 사람을 도울 수 있는 것이 아니다. 성적이 좋지 않은 학생들도 자신의 재능과 능력을 발견해 다른 사람을 도울 수 있도록 격려하고 지원하라.
- 교내 또래 상담 프로그램을 시작하라. 친구들이 갈등을 해결하고 올바른 결정을 내리는 일에 조언해줄 수 있도록 학생들을 교육하라.
- 다른 사람을 돕는 학생을 인정하고 칭찬해주며, 특별한 보상을 하라.
- 지역사회 봉사에 적극적인 교사를 격려하고 그를 역할 모델로 삼아라. 그리고 교사와 학생을 연결하는 멘토링 프로그램을 시작하라.
- 현재나 과거에 다른 사람을 위해 봉사한 훌륭한 사례가 있는지를 조사하고, 그들이 어떻게 세상에 공헌했는가를 주제로 학생들과 토론을 하라.

지역사회에서

- 모든 청소년 프로그램의 필수 과정에 봉사활동 계획과 함께 그

경험을 돌아볼 수 있는 시간을 포함하라.

- 지역사회와 긴밀한 협조를 통해 청소년들이 다른 사람을 도울 기회가 있는지 확인하라. 청소년들에게 봉사 아이디어에 관해 브레인스토밍을 하도록 하라.
- 다른 사람을 돕는 아이들을 칭찬하라. 매년 봉사활동 시상 프로그램을 후원하고, 지역 매체에 홍보하라.
- 봉사활동에 적극적인 지역 주민들을 청소년 프로그램 강연자로 초청하라. 그리고 그들이 봉사를 원하는 청소년들의 멘토가 되도록 격려하라.
- 마을 재건 사업에 참여하고 지역 주민과 그들의 자녀들에게 도움을 요청하라.
- 국가 봉사단체들과 제휴하고, 그들 대표를 지역사회에 초청해 강연하게 하라. 어른이나 아이 할 것 없이 모든 지역 주민이 봉사단체에서 자원봉사를 하도록 격려하라.
- 청소년들에게 다른 사람을 돕는 기술을 가르치고, 지역사회에서 그 기술을 활용할 충분한 기회를 제공하라.

청소년·종교단체에서

- 청소년들이 종교단체 내에서 봉사할 기회가 있다는 사실을 알게 하라. 예배 시간에 그러한 기회를 알리고, 아이들과 어른들이 함

께 봉사할 수 있도록 하라.
- 청소년 프로그램에 또래 도우미 프로그램을 포함하라.
- 청소년들에게 종교단체 외에도 봉사할 기회가 있다는 사실을 알려라.
- 어린이와 청소년을 초대해 어떻게 하면 다른 사람을 도울 수 있는지 아이디어를 내게 하고 좋은 아이디어는 공유하라.
- 어떤 형태로든 다른 사람을 돕는 회원들을 인정하고 칭찬하라.

: 자산 27 :

평등과 사회 정의

아이들은 평등을 드높이고 기아와 빈곤을 줄이는 일을 매우 가치 있게 여긴다.

54%의 아이들이 이러한 자산을 가진 것으로 조사되었다.

가정에서

- 가족이 모여 평등과 사회 정의에 관한 각자의 생각을 이야기해보라. 그런 다음 가족이 따르고 힘을 보탤 하나의 중요한 가치를 선정하라.
- 가난하고 배고프고 불평등에 시달리는 사람들을 위해 일하는 단체들에 관한 정보를 수집하라. 가족 토론을 통해 어떤 단체를 도울 것인가를 선택하라. 어린아이들은 용돈을 따로 모으고, 좀 더 나이 많은 아이들은 집안일을 돕거나 아르바이트를 해서 번 돈을

기부할 수 있다.

⊙ 명절이나 기념일에 선물을 사는 대신 가족 명의로 자선단체에 기부하거나 다른 가치 있는 일을 위해 기부금을 내라.

⊙ 가족과 함께 무료 급식소나 노숙자 쉼터에서 자원봉사를 하라. 평등과 사회 정의를 촉구하는 거리 행진이나 시위에 참여하라.

⊙ 국민이 고통을 겪는 국가나 세계적인 재해에 관해 자녀와 대화를 나눠라. 뉴스를 보거나 신문을 읽고, 도서관을 방문하고, 인터넷을 검색해 더 많은 정보를 얻어라. 특히 자녀가 관심을 갖거나 어떤 식으로든 자녀에게 영향을 미치는 사건이 있는가? 그것이 전쟁이나 기근, 지진, 화재, 홍수 중 하나인가? 가족이 도울 방법을 찾아보라. 주요 재해가 발생하면 TV나 신문 등에서는 도움을 줄 수 있는 각종 구호단체를 공개하니 참고하기 바란다.

⊙ 자녀가 직접 경험할 수 있도록 휴가 때 가난한 지역을 방문하라. 만약 워싱턴을 방문한다면 유명하고 흥미로운 관광지만 둘러볼 게 아니라 문제가 많은 지역들에도 가보라.

⊙ 정의와 사회 평등 문제를 다루는 박물관들을 방문하라.

학교에서

⊙ 학급 토론과 수업 시간에 평등과 사회 정의를 주제로 이야기를 나눠라. 현재 일어나는 사건과 쟁점 등에 관해 연구 과제를 내주라.

- 국내외 봉사 단체나 인권 단체들의 대표를 초청해 강연회를 하라. 가능하면 학생들과 일대일로 교류할 수 있도록 소규모 그룹 토론의 기회를 마련하라.
- 교과 과정에 실천과 봉사를 통해 세상에 변화를 가져온 사람들에 관한 수업을 포함하라.
- 학교에서 특정 사안이나 쟁점에 적극적으로 관심을 기울이고, 학교 교육을 통해 이러한 문제를 해결할 수 있게 후원하라.

지역사회에서

- 지역 학구學區, 스카우트 단체, 기타 단체들과 협력해 식량 및 의류 기부를 비롯해 평등과 사회 정의를 촉진하기 위한 다양한 자선 사업을 진행하라. 학생들을 지역 인권위원회 활동에 참여시켜라.
- 청소년이 봉사 프로젝트에 책임감과 지도력을 갖고 참여할 수 있게 하라. 그들 스스로 세상에 변화를 가져올 수 있음을 증명할 기회를 제공하라.
- 평등과 사회 정의에 관한 지역사회 토론을 후원하고, 봉사 및 구호 단체의 대표들을 초청해 강연하게 하라. 아이들이 부모와 함께 참석할 것을 고려해 토론 일정을 따로 마련하라.
- 시정 게시판에 기아, 가난, 불평등 등에 관한 정보를 게시하고, 봉사 및 구호 단체의 안내책자를 비치하라.

- 자선단체나 비영리단체를 조사해, 높은 평가를 받는 신뢰할 만한 단체 목록을 지역 웹사이트나 소식지에 게시하라.
- 봉사 프로젝트가 끝나면 항상 청소년들과 대화하는 시간을 마련하라. 이러한 시간은 청소년들로 하여금 문제를 더 잘 이해하게 하고, 그들이 행동을 통해 다른 사람들에게 영향을 미치는 중요한 매개체가 된다.

청소년·종교단체에서

- 청소년 프로그램을 통해 평등과 사회 정의에 관한 문제들을 인식하게 하라. 토론을 장려하고 청소년의 참여를 유도하는 방안을 마련하라.
- 청소년들을 초청해 세계적인 문제들을 해결하기 위해 종교단체에서는 어떤 역할을 할지에 대해 다양한 아이디어를 내게 하라.
- 체험학습이나 강연, 봉사 프로젝트, 모의 실험을 통해 세계적인 문제들을 청소년의 삶과 연결하라.
- 봉사 및 구호 단체에서 일하거나 자원봉사하는 회원들을 인정하고 칭찬하라.

: 자산 28 :

성실

아이들은 신념에 따라 행동하고 자신의 믿음을 지키기 위해 노력한다.

71%의 아이들이 이러한 자산을 가진 것으로 조사되었다.

가정에서

- 일상생활에서 성실함의 모범을 보여라. 자녀에게 여러분이 믿고 소중하게 여기는 가치가 어떤 것인지 밝히고 행동으로 보여줘라. 긍정적인 가치를 만들어나가는 데 여러분은 자녀에게 가장 훌륭한 교사이다.
- 가족이 함께 성실함이란 어떤 것인지에 관해 토론하고, 가능한 한 단순하게 정의하라. 즉 자신의 신념과 믿음에 진실한 것, 다시 말해 '자신이 말한 대로 실천하기'처럼 말이다.

- 자녀에게 신념과 믿음의 의미에 대해 물어보라. 자녀는 무엇을 옹호하는가? 자녀에게 중요한 것은 무엇인가? 가족이 다 함께 공유하는 신념과 믿음 목록을 작성한 다음 그것을 집 안에 붙여놓아라.
- 여러분이 그렇게 하기 어려운 순간에도 뭔가를 지키기 위해 용감히 나섰던 일을 자녀에게 들려줘라. 그때 느낌이 어땠는지를 이야기하라. 또한 두려움 때문에 용감하게 나서지 못했던 일에 대해서도 들려줘라. 그런 다음 왜 어떤 때는 다른 때보다 신념에 따라 행동하기가 쉬운지 토론해보라.
- 자녀가 말과 다른 행동을 보일 때는 부드럽지만 단호하게 행동에 주의를 기울일 것을 요구하라. 그리고 자녀에게 여러분에게도 같은 일을 해달라고 요청하라.
- 자녀가 특히 그 일을 하기 힘든 경우에도 자신의 신념과 믿음에 따라 행동했다면 칭찬해줘라.
- 성실하게 행동하는 사람을 보거나 이야기를 들을 때 자녀에게 알려줘라.
- 뉴스에 나오는 인물들의 행동과 그들이 어떻게 성실함을 보여줬는지(혹은 그러지 못했는지)에 관해 들려줘라.
- 여러분이 자신의 신념과 믿음에 따라 행동하지 못할 뻔했던 이야기를 자녀에게 들려줘라. 예를 들어 "오늘 점원이 거스름돈 500원을 5,000원으로 잘못 건네주지 않았겠니. 그냥 받아올 수 있었

지만 결국 잔액을 되돌려줬단다"라고 말하는 것이다.
- 여러분이라면 다른 선택을 했을지라도, 성실한 선택을 한 자녀를 칭찬하고 지원하라.

학교에서

- 성실함을 학교의 중요한 가치에 포함시켜라. 그리고 학생들이 그 말의 의미를 깨달을 수 있도록 방안을 모색하라.
- 모든 교사와 직원이 성실함의 모범을 보이도록 격려하라.
- 학생들에게 성실함이란 무엇인지 그들의 언어로 표현하게 하고, 성실하게 행동하는 사람들의 예를 들어보게 하라.
- '성실 게시판'을 만들어 성실하게 행동한 사람들에 관한 글을 게시하라. 간디, 마틴 루터 킹, 에이브러햄 링컨, 소저너 트루스(미국의 노예 해방 운동가이자 여성 운동가로 그 자신이 흑인이자 노예로서 평생을 노예제도 폐지와 여성의 권리를 주장했다_옮긴이) 등의 예를 들 수 있을 것이다. 학생들에게 '성실 게시판'에 이름을 올릴 만한 친구를 추천하도록 하고, 그 이유도 말하도록 하라.
- 역사나 현재의 쟁점 사안들과 관련해 성실하게 행동한 사람들에 주목하라. 수업 시간에 문학 작품의 주인공들 가운데 바람직한 예를 찾아 토론해보라.

지역사회에서

- 가정과 직장, 지역사회 등 어디에서나 성실하게 행동하라. 그리고 성실하게 행동하는 아이들을 인정하고 지원하라.
- 성실함의 가치를 강조하는 지역사회 차원의 운동을 시작하라. 홍보를 위해 광고판, 포스터, 쇼핑백, 전단, 지역 매체, 인터넷 등을 적극적으로 활용하라.
- 성실함을 주제로 한 강연, 세미나, 발표, 원탁회의를 후원하고, 아이들의 적극적인 참여를 요청하라.

청소년·종교단체에서

- 개인으로서나 종교단체로서 성실함의 모범을 보여라. 성실한 행동에 관한 가치와 믿음을 분명히 표현하라.
- 종교적 전통과 경전에서 언급하는 성실함의 중요성에 관해 이야기하라.
- 설교, 훈계, 주보나 가정에 보내는 우편물을 통해 성실함의 중요성을 알려라. 종교적 전통(그리고 종교단체) 안에서 성실하게 행동한 사람들의 예를 들어 설명하라.
- 종교단체의 공인된 가치와 기대에 성실함을 포함하고, 청소년 프로그램에서 자주 주제로 다루어라.

: 자산 29 :

정직

아이들은 그렇게 하기 어려운 순간에도 진실을 말한다.

69%의 아이들이 이러한 자산을 가진 것으로 조사되었다.

가정에서

- 일상생활에서 정직함의 모범을 보여라. 자녀, 배우자, 텔레마케터, 가게 점원, 동료, 친구, 이웃, 친척, 무엇보다 자기 자신에게 정직하라.
- 가족들이 그들 자신에게나 다른 가족들에게 정직하게 대할 것을 기대하고 격려하라. 자신의 감정을 정직하게 인정하고 성공과 실패에 대해서도 정직하게 받아들여라.
- 자녀들이 정직하게 행동하는 순간을 알아차려라.

- 부득이하게 진실을 숨겼을 때는 그 사실을 인정하고 사과하라.
- 자녀가 거짓말을 할 때 과민반응을 보이지 마라. 아이들은 부모의 반응이 두려워 점점 더 거짓말을 하게 될 것이다. 자녀가 거짓말을 하거나 혹은 그런 의심이 든다면 이렇게 물어보라. "내가 지금 네 말을 믿는 것 같니, 아니면 못 믿는 것 같니?" 자녀에게 진실을 말할 기회를 줘라.
- 정직한 사람들과 정직하지 못한 사람들이 섞인 직장, 학교, 지역사회에서 각자 경험한 일들에 관해 가족과 이야기를 나눠라.
- TV 토크쇼나 영화에 나오는 인물들 가운데 정직한 인물과 부정직한 인물을 가려내보라. 부정직함 때문에 어떤 결과가 나타났는가? 그러한 결과는 현실성이 있어 보이는가?
- 광고에서 부정직한 요소를 가려내보라.
- 인터넷이 정직함과 정직하지 못함에 미치는 영향에 대해 자녀와 대화를 나눠보라.
- 자녀에게 부정직한 행동을 할 수밖에 없었던 상황들에 대해 예를 들어 설명해보도록 하라. 그런 다음 함께 해결책을 찾아보라.
- 자녀가 여러분에게 정직하게 행동한 일에 대해서는 결과 여부에 크게 신경을 쓰지 마라.

학교에서

- 학교의 공식 이념과 가치에 정직을 포함시켜라.
- 부정직한 행동(거짓말, 부정행위, 도둑질, 표절, 거짓 비난)에 대한 명확한 경계와 책임을 설정하고, 그 내용을 학교 안내서에 명시하라.
- 학생들이 정직하게 행동하도록 분위기를 조성하라.
- 수업 시간에 정직에 대해 가르쳐라. 진실을 말하기 어려운 상황에서 어떻게 말하고 행동해야 하는지, 역할극을 통해 배우게 하라. 또한 진실을 말하는 것이 다른 사람에게 상처가 될 때나 거짓말을 하다 들켰을 때의 상황을 가정해 역할극을 해보라.
- 사례 연구와 모의 실험을 통해 정직하게 행동하기 어려운 순간들에 주목하고, 그럴 때에도 정직하게 행동하는 방법을 모색해 보라.
- 전체 교직원에게 정직한 행동의 모범을 보일 것을 기대하고 격려하라.
- 학생들에게 정직이란 무엇인지 그들의 언어로 표현하게 하라. 또한 정직하거나 부정직하게 행동하는 사람들의 예를 들어보도록 하라.
- 정직을 주제로 교실을 꾸며보라. 진실을 말했던 역사적 인물이나 정직과 관련된 감동적인 인용문, 신문이나 잡지, 웹사이트에서 찾은 기사들로 교실 내부를 장식하라.
- 학생들과 함께 교실이나 학교 안에서 지킬 정직 강령을 만들어

보라. 그리고 그것을 중요한 가치로 여기며 아이들도 소중하게 여기도록 북돋워라.

지역사회에서

- 정직을 지역사회의 중요한 가치로 정하라. 공무원과 지역 인사들에게 높은 수준의 정직함을 요구하고, 그들이 사회의 역할 모델임을 상기시켜라.
- 정직하게 행동한 사람들을 청소년들에게 알리고 그들을 칭찬하라. 예를 들어 가게에서 더 받은 거스름돈을 돌려준 아이, 자신이 던진 야구공이 이웃집 창문으로 날아들자 솔직하게 잘못을 비는 아이가 이 경우에 해당할 수 있을 것이다.
- 매체에 정직하게 행동한 사람들에 관한 기사를 실어라.
- 정직한 행동을 목격했을 때 기꺼이 그 일에 동참하라.

청소년·종교단체에서

- 개인으로서나 종교단체로서 정직함의 모범을 보여라. 종교단체 회원이나 이웃, 지역 주민을 정직하게 대하라.
- 설교, 강론, 주보의 내용이나 각 가정에 발송하는 우편물에 정직을 주제로 한 이야기를 실어라.

○ 정직의 중요성을 알리기 위해 경전과 신성한 이야기를 활용하라.

○ 윤리적, 개인적으로 정직하게 행동하기 어려운 상황에 맞닥뜨린 회원들을 위해 안전한 장소를 제공하라.

○ 어린이와 10대들이 함께 적극적으로 정직한 행동을 할 수 있게 격려하라(단체로 '정직 서약'에 서명하는 것도 좋다). 그러한 행동을 통해 아이들은 부정행위나 다른 부정직한 행동을 하도록 압력을 받을 때 힘과 지원을 얻을 수 있다.

: 자산 30 :

책임

아이들은 자신의 행동과 결정에 개인적인 책임을 인정하고 받아들인다.

67%의 아이들이 이러한 자산을 가진 것으로 조사되었다.

가정에서

- 일상생활에서 책임감의 모범을 보여라. 약속을 꼭 지키고, 해야 할 일을 못 했거나 안 했을 때 변명하지 마라. 자녀와 대화를 통해 어떻게 하면 또다시 그러한 상황에 빠지지 않을 수 있는지 계획을 세워라.
- 해야 할 일 목록을 통해 자신의 책임을 점검하고, 자녀에게도 해야 할 일 목록을 만들도록 하라.
- 집안일의 우선 순위를 정하고, 가족 각자가 해야 할 일의 목록을

작성하라.
- 자녀가 책임지고 일을 할 수 있게 하라. 자녀가 할 수 없는 일이라고 미리 단정 짓지 말고, 현실적인 기대를 하고 실수를 너그럽게 허용하라.
- 자녀가 처음 해보는 일은 작은 부분으로 나눠, 아이가 그 일 전체를 책임 있게 수행할 수 있을 때까지 하나씩 가르쳐라.
- 자녀에게 책임감을 가르치는 데 시간을 투자하라. 자녀가 성급히 새로운 일에 뛰어들게 하지 말고, 여러분이 시간이 없거나 다른 곳에 가야 하거나 다른 일을 해야 한다고 자녀를 압박하지 마라. 그러면 아이는 지레 포기하게 될 것이다.
- 아이가 깜박하고 해야 할 일을 하지 않았다고 해서 잔소리하거나 나서서 대신 해주지 마라. 행동에 따르는 자연스러운 결과를 받아들이게 하라. 예를 들어 더러운 옷을 세탁 바구니에 넣지 않았다면 아이는 제때 깨끗한 옷을 입지 못할 수도 있다.
- 자녀의 책임감 있는 행동에 대해 인정하고 칭찬하라.
- 자녀가 성숙해짐에 따라 더 많은 책임을 갖게 하고, 연령에 맞는 적절한 과제와 기대를 부여하라. 어느 수준이 적절한지 잘 모르겠다면 전문가에게 묻거나 아동 발달 관련 서적을 읽어보라. 다른 부모들도 충분히 전문가일 수 있다.

학교에서

- 학생들에게 책임 있는 행동을 기대하라. 학생들이 책임 있는 행동을 보일 때는 인정하고 칭찬해주고, 그렇지 못했을 때는 그에 맞는 분명하고 합리적인 결과를 받아들이게 하라.
- 교실과 학교에서 학생들이 실제적인 책임을 갖고 행동하게 하라. 학생들의 행동을 관찰하되 그들의 책임을 대신 떠맡지 마라.
- 학생들에게 해야 할 일 목록을 만들고 활용하는 법을 가르쳐라.
- 학생들이 커다란 과제를 어떻게 다룰지 안다고 가정하지 마라. 과제를 작은 단위로 쪼갠 뒤 각각의 과제를 끝내기 위해 무엇이 필요한지 알아보고, 스스로 마감 시한을 정하는 방법을 직접 보여줘라. 이 과정을 나이 든 학생들이 어린 학생들에게 가르쳐주게 하라.
- 학생들과 한 약속을 잘 지켜라.

지역사회에서

- 청소년들은 대개 책임감이 없다는 편견에 도전하라. 사람들로 하여금 아이들이 책임 있게 행동하거나 행동할 수 있는 방법들에 주목하도록 요청하라.
- 책임을 지역사회의 중요한 가치로 삼아라. 지역사회 지도자들에게 높은 수준의 책임을 부여하고, 그들의 행동과 결정에 개인적

인 책임을 지도록 요구하라.
- '회복적 정의Restorative Justice' 프로그램을 실시하라. 이는 규칙을 어기거나 지역사회 기준을 위반한 아이들을 단순히 처벌만 하는 것이 아니라 아이들 스스로 자신의 행동에 책임을 지고 손해를 복구하는 것을 말한다. 처벌보다는 회복에 중점을 둔다.
- 청소년 근로자에게 업무 책임을 분명하고 명확하게 알리고, 어떻게 하면 책임을 완수할 수 있는지를 가르쳐라.

청소년·종교단체에서

- 아이들에게 실질적인 책임을 맡겨라. 아이들에게 구체적인 과제를 주고, 잘 해낼 것이라 기대하라.
- 설교, 강론, 주보나 가정에 발송하는 우편물의 주제를 결정하는 책임을 지게 하라.
- 아이들에게 책임감을 가르치는 주제와 관련해 부모를 위한 워크숍이나 세미나, 토론 그룹을 제공하라.
- 책임을 다하기 어려운 상황에 맞닥뜨린 아이들을 도와라.

: 자산 31 :

절제

아이들은 성적으로 문란하거나, 음주나 흡연을 하지 않는 것을 중요하게 생각한다.

47%의 아이들이 이러한 자산을 가진 것으로 조사되었다.

가정에서

- 가능하면 자녀와 성행위, 음주, 흡연에 관해 솔직한 대화를 나눠라. 특정 주제와 관련해 이야기하는 것이 불편하다면 그 사실을 인정하고 연령에 맞는 책을 읽게 하라. 또는 여러분이(그리고 자녀가) 신뢰하는 다른 어른과 이야기를 나누게 하라.
- 부모로서의 경계, 가치, 이유를 명확히 알려라. 많은 청소년은 부모가 "우리는 네가 미성년자로서 성행위와 음주, 흡연을 하지 않기를 바란다"고 말할 때, 실제로 안정을 찾는다. 그러한 것들을

왜 해서는 안 되는지 이유를 설명하고, 자녀의 이야기에도 귀를 기울여라.

Q 자녀가 술이나 담배를 하지 않겠다는 서약을 하도록 격려하라. 오늘날 많은 청소년이 절제하는 생활 방식을 선택하고, 그것을 공개적으로 선언하고 있다. 그들은 이러한 선언으로 또래 아이들의 무절제한 생활에서 오는 압력으로부터 자유로워질 수 있다는 사실을 깨닫고 있다.

Q 성을 허용하는 이성교제, 음주, 흡연, 게임 중독, 가출, 10대 임신, 기타 여러 문제에 대해 자녀와 진지하게 이야기를 나눠보라.

Q 자녀와 절제하는 생활 방식의 좋은 점, 그리고 그렇기 하기 어려운 상황에 관해 솔직히 대화하라.

Q 성행위나 음주, 흡연 등을 다루는 매체(신문, 잡지 기사, TV 프로그램, 영화)를 찾아보라. 여기에 대한 여러분의 생각을 이야기하고, 자녀의 의견도 물어보라. 가능하면 정직하고 솔직하게 말하라.

Q 자녀가 이미 성경험이 있거나 음주나 흡연을 하고 있다면 자녀에게 중요한 가치에 견주어 그러한 선택을 재고해볼 것을 권유하라. 예를 들어 자녀가 정의를 중요한 가치로 여긴다면 너무 이른 나이의 성행위는 관계에서 어느 한쪽을 부당하게 착취할 위험이 있다는 사실을 일깨워주는 것이다. 전문가의 도움을 받아 적절한 조처를 할 수 있다.

Q 애정을 보여주는 적절한 방법을 가르치고 직접 모범을 보여라.

Q 부모가 먼저 절제하는 모습을 보여라. 음주를 한다면 적당량을 마시고 절대 음주 운전을 하지 마라.

Q 자녀에게 만약 성행위나 음주나 흡연을 강요당하는 상황에 부닥치면 전화하라고, 그러면 그곳이 어디든 무조건 데리러 가겠다고 말하라.

학교에서

Q 학생들이 성행위, 음주, 흡연과 관련해 그들이 중요하게 생각하는 가치와 태도, 고민을 말할 기회를 줘라. 점심 시간이나 방과 후에 토론을 할 수 있게 하라.

Q 도서관에 성행위, 음주, 흡연과 관련한 자료(책, 잡지, 비디오)를 비치하라.

Q 또래 상담가들을 교육하여 절제하는 생활 방식을 선택하는 청소년들을 돕도록 하라.

Q 학생들과 함께 술과 담배 멀리하기와 같은 학교 공약을 만든 뒤, 복사해 학생들의 서명을 받고, 지역 매체에 이러한 노력을 알려라.

Q 학교에서 성교육을 하고 있다면, 가치를 중시하는 수업을 통해 학생들이 각자 자신의 가치를 분류하고, 그러한 가치가 어떻게 그들의 행동을 형성시키는지 이해하도록 도와라.

Q 술·약물 오남용 예방교육 D.A.R.E 프로그램 졸업식에 시장을 초청해 강연하게 하고, 프로그램을 이수한 아이들에게 축하 메시지를 보내라.

지역사회에서

Q 청소년이 술과 담배뿐만 아니라 성인 영화나 비디오, 잡지에 노출되는 경로를 줄이거나 차단하려는 지역사회의 노력을 지원하라.
Q 모든 활동에서 청소년이 서로 어떻게 관계를 맺어야 하는지에 관한 분명한 기대를 가져라. 서로 존중하고 책임 있는 태도를 강조하라.
Q 절제가 가치 있게 여겨지고 칭찬받는 분위기를 조성하라.
Q 의료 전문가들을 초청해 성행위, 음주, 흡연을 주제로 학부모와 아이들을 위한 강연을 하게 하라.

청소년·종교단체에서

Q 종교단체의 교육 프로그램에 절제에 관한 토론 시간을 포함하라. 성행위와 음주, 또는 흡연과 관련해 해당 종교가 전통적으로 가르치는 가치를 분명히 알려라.
Q 성행위, 음주, 흡연과 관련해 긍정적인 선택을 하도록 청소년들

을 격려하고 지원하는 방안을 모색하라. 그들이 그러한 선택을 한 분명한 이유를 말할 수 있도록 도와라.

- 청소년들을 초청해 청소년기에 성행위나 음주를 하지 않을 것을 서약하게 하라. 가능하면 그러한 서약을 공표하고, 상황이 여의치 않으면 비공개적으로 해도 좋다.
- 이미 성행위에 자유로운 청소년이라 하더라도 그러한 행위를 그만두는 결정을 할 수 있게 격려하고 지지하라. 그리고 성행위를 절제함으로써 아이들이 만들어나갈 중요한 가치들에 관해 대화를 나눠라.

긍정자산 만들기

미시건 주 파더 마르케트 중학교는 봉사 교육 프로젝트를 통해 5학년 학생들에게 빵 만드는 체험을 하게 한다. 이 프로젝트를 통해 학생들은 다른 사람을 배려하고 사회 정의를 실현하는 긍정적인 가치와 긍정자산을 직접 체험해보는 기회를 얻는다.

교사인 질 코스키Jill Koski는 한 달에 두 번 빵 만들기 수업을 진행해, 노숙자들을 위한 임시 거처인 잔젠하우스Janzen House 거주자들과 다른 불우한 이웃들에게 빵을 전달해왔다.

처음 이러한 아이디어를 낸 것은 코스키 교사와 학생들이었다. 코스키 교사는 말한다.

"아이들이 이러한 활동을 무척 좋아해요."

"학부모들이 요리법과 재료를 제공해주고 있어요."

학생들은 네 명이 한 팀을 이뤄 작업하면서 협동과 관리 능력을 기른다. 또한 수학 기술과 기초 과학의 원리를 탐구한다.

하지만 이 프로젝트의 핵심은 빵을 전달하는 데 있다. "우리는 잔젠하우스를 방문해 노숙자들을 만나는데, 아이들은 이러한 경험을 통해 겸손을 배우게 됩니다." 코스키 교사의 설명이다.

PART 7

사회적 역량 SOCIAL COMPETENCIES

아이들은 인생에서 긍정적인 선택을 하고, 관계를 맺고, 성공하는 데 필요한 기술과 능력을 갖춰야 한다.

사회적 역량 자산 다섯 가지는 다음과 같다
32. 계획과 결정
33. 대인관계 역량
34. 문화적 역량
35. 저항의 기술
36. 평화적인 갈등 해결

아이들이 더 많은 개인적 기술을 갖출수록 더욱 건강하게 자랄 가능성이 높다.

: 자산 32 :

계획과 결정

아이들은 미리 계획하고 어떻게 선택하는지를 잘 안다.

33%의 아이들이 이러한 자산을 가진 것으로 조사되었다.

가정에서

- 가족회의를 열어 가족 전체에게 영향을 미치는 계획을 논의하라. 가장 어린 자녀를 포함해 가족 한 사람 한 사람의 제안을 받아들여라.
- 한 달에 한 번은 자녀가 책임지고 가족의 식사를 계획하고 준비하게 하라.
- 계획 수립과 의사 결정에 부모로서 모범을 보여라. 해야 할 일 목록과 일정표를 눈에 띄는 곳에 놓아둬라. 자녀에게 다이어리나

일정관리 수첩을 주고 사용법을 알려주는 것도 방법이다.

Q 자녀가 학교에서 장기 과제를 받아왔다면, 제시간에 마칠 수 있도록 계획을 짜고 결정을 내리는 일을 도와라.

Q 자녀가 점점 더 책임감을 갖고 자신의 미래를 계획하게 하라. 갖고 싶은 물건을 사려고 돈을 모으거나 여름방학 동안 아르바이트를 하게 하는 것도 좋다. 질문을 통해 훌륭한 계획을 세울 수 있도록 이끌어주되, 절대 대신 계획을 세워주지 마라.

Q 의사 결정의 모범을 보여라. 1) 정보를 모으고, 2) 모든 측면에서 선택 사항을 검토하고, 3) 결과를 예상하고, 4) 장단점을 살피고, 5) 결정을 내린 다음 그 결정에 집중한다. 결정을 내려야 하는 상황에서 자녀가 이러한 과정을 충실히 따르도록 도와라.

Q 선택 사항에 대해 자녀와 대화를 나눠라. "만약에?"라는 질문을 통해 결과를 예상해보게 하라. 예를 들어 "만약에 친구가 와서 자고 가기로 한 금요일까지 방을 치우지 않으면 어떤 일이 벌어질까?" 하는 식으로 말이다.

Q 실수를 허용하라. 자녀의 잘못된 선택에 화를 내지 말고 그러한 결정에서 비롯된 책임도 스스로 지게 하라.

Q 자녀에게 자신이 한 선택에 대해 꾸준히 기록해보도록 하라. 어떤 일이 있었고, 그때 기분은 어땠는지 꼼꼼하게 써보도록 하라. 이러한 기록은 긍정적인 선택을 강화하고 부정적인 선택의 결과를 떠올리게 하는 데 효과적이다.

Q 자녀에게 선택하지 않는 것 역시 선택이라는 사실을 알려라. 그 것은 선택하지 않음을 선택하는 것이다. 그러한 행위는 다음에 일어나는 일에 관한 결정권을 다른 사람에게 넘기는 것이라는 점도 설명해줘라.

학교에서

Q 학급 프로젝트나 과제, 더 나아가 학교 차원의 활동 계획에 학생들을 참여시켜라.

Q 계획과 조직화의 기술을 가르쳐라. 예를 들어 보고서 제출을 과제로 내주면서 주제 선정, 자료 조사, 개요 작성, 초고 완성, 교정 등 단계별로 마감 시한을 정해주는 것이다.

Q 학생들의 편의를 위해 과제 일정표를 만들어라. 재정적 여유가 있다면 학생들에게 학년별 플래너를 나눠줘라.

Q 학생들이 학업을 계속하고 직업을 선택하는 일과 같은 장기 계획을 세우는 데 도움을 주도록 교사들을 교육하라.

Q 학생들이 역할극을 통해 다양한 결정을 내리고, 가능성 있는 결과와 책임을 예상해보게 하라. 여러분이 내린 결정과 그 결과에 대해 학생들과 대화를 나눠라.

Q 학생들이 자신들이 내린 어려운 결정에 관해 이야기하거나 글로 써 보도록 하고, 그러한 결정을 했던 구체적인 이유를 말해보게 하라.

Q 이사회 등의 학교 의사결정 기구에 학생 대표를 포함시켜라.

지역사회에서

Q 아이들에게 지역사회에서 바꾸고 싶은 게 있는지 물어보고, 그것을 바꾸기 위한 계획을 마련하라. 그들의 계획을 진지하게 받아들여라.

Q 청소년 활동과 사업을 알리는 지역 케이블 채널을 확보하거나 지역사회 게시판에 소식을 알려라.

Q 지역사회 구성원들을 위해 계획과 의사 결정 기술에 관한 워크숍을 개최하라.

Q 지역사회 프로그램과 특별 프로젝트에 관한 의사 결정에 청소년의 참여를 허용하라.

Q 동기부여 강사들을 초청해 아이들이 내리는 중요한 선택을 주제로 강연하게 하라.

Q 아이들의 의사 결정 과정을 돕도록 어른 지도자들을 교육하라.

청소년 종교단체에서

Q 청소년 프로그램 계획과 관련해 아이들에게 적극적인 역할을 부여하라. 예를 들어 아이들이 주차장에 농구 코트가 있었으면 하

고 바란다면 그 일이 실현되도록 계획을 세워보게 하라.
- 종교단체 전반에 영향을 미칠 결정에 아이들을 포함시켜라.
- 아이들 스스로 특별 행사를 계획해보게 하라. 어른들의 조언과 감독이 뒷받침된다면 아이들도 충분히 그 일을 해낼 수 있다.
- 종교가 그들의 결정에 어떤 영향을 미쳤는지 아이들과 대화를 나눠보라.

: 자산 33 :

대인관계 역량

아이들은 공감과 감성, 우정의 기술을 갖추고 있다.

48%의 아이들이 이러한 자산을 가진 것으로 조사되었다.

가정에서

- 사람들을 만나고, 먼저 말을 건네고, 질문하고, 비슷한 취미를 찾는 등 자녀와 대인관계 기술을 연습하라. 함께 새로운 사람들을 만날 때마다 자녀가 여러분이 그 상황을 어떻게 하는지 지켜보고 있다는 사실을 명심하라.
- 평소 자녀의 시각에서 사물을 관찰하는 연습을 하라. 그러면 아이가 어떤 문제나 고민을 털어놓을 때 아이에게 진심으로 공감할 수 있게 된다. 그렇게 함으로써 공감의 모범을 보일 수 있다.

◌ 자녀와 공공장소에 가서 사람들의 표정과 걸음걸이를 보면서 그 사람의 기분을 맞혀보라.

◌ 자녀가 다른 사람의 기분을 상하게 하는 행동을 했을 때는 아이의 행동이 다른 사람에게 어떤 영향을 미치는지에 대해 대화를 나눠라.

◌ 사람들을 자주 저녁 식사에 초대하고, 가족이 다 함께 손님들과 이야기하며 시간을 보내라.

◌ 자녀의 친구들이 집에 오는 것을 환영하라. 자녀의 친구들과 대화하고 그들을 알아가는 데 시간을 할애하라.

◌ 인간관계에 대해 자녀와 대화를 나눠보라. 여러분의 친구들에 관해 이야기하고, 자녀의 친구들에 관해서도 물어보라.

◌ 다양한 친구를 사귀는 것의 가치를 강조하라. 자녀가 나이, 인종, 문화적 배경, 경제 수준, 종교가 저마다 다른 사람들과 우정을 나누도록 격려하라. 그리고 여러분도 그러한 친구들을 사귐으로써 모범을 보여라.

학교에서

◌ 학생들에게 역할극과 창조적 시각화 creative visualization를 활용해 공감하고, 느끼고, 대인관계를 맺는 기술을 가르쳐라.

◌ 사회적, 감정적 경험을 나누기 위해 점심 시간이나 방과 후에 토

론 그룹을 운영하라. 학생들이 자신들의 감정을 자유롭게 말하고 감정을 표현하는 올바른 방법을 찾도록 격려하라.
- 학생들이 다른 사람의 삶을 간접적으로나마 경험해볼 수 있게 하라. 예를 들어 역사 시간에 1970년대에 관해 배운다면, 그 시대를 살았던 베트남전 참전 용사나 여권 운동가, 환경 운동가 등을 초청해 강연하게 하는 것이다.
- 인간적 교류와 우정을 촉진하는 교수법을 활용하라.
- 학생들 모두 한데 어울리게 해서 학생들이 다양성에 대해 생각해볼 기회를 주어라. 다양한 친구와 우정을 나누는 아이는 편견을 가질 확률이 낮다.
- 학생들에게 새로 전학 온 학생을 따뜻하게 맞이하도록 하라. 누구나 한 번쯤 '새로운 아이'였던 적이 있다는 사실을 상기시키고, 그때 기분이 어땠는지 기억해보게 하라.
- 여러분의 인생에서 우정이 차지하는 중요성에 관해 학생들과 대화해보라. 친구들과 나누었던 우정, 함께라서 좋았던 일들, 그리고 그들이 여러분에게 왜 중요한지를 들려줘라.

지역사회에서

- 이웃의 어린이와 청소년에게 반갑게 인사하고, 시간을 내어 대화를 나눠라. 이웃 가족과도 친해져라.

II 내적 자산 만들기

◌ 어린이, 청소년, 어른, 노인이 다 함께 즐기고 교류할 수 있는 프로그램을 제공하라.

◌ 활동과 게임에서 경쟁보다 협동의 중요성을 강조하라.

◌ 시간을 내어 아이들이 자신의 감정을 표현하는 것을 진지하게 들어주라. 그리고 아이들이 서로의 이야기를 들어주도록 격려하라.

◌ 경제적, 인종적, 종교적 배경이 다른 아이들이 모두 즐겁게 참여할 수 있는 프로그램을 만들어라.

◌ 아이들이 새로운 친구들과 아직 친구가 없거나 무리에 끼지 못한 친구들에게 먼저 손을 내밀도록 하라.

◌ 아이들이 서로 교류하는 모습을 관찰한 뒤, 우정의 기술이 부족해 보이는 아이들을 확인하라. 그런 다음 어른 지도자들을 교육해 그 아이들에게 우정의 기술을 가르치게 하라.

◌ 봉사 프로젝트나 특별 프로그램 등에 다양한 아이들을 포함시켜 지역사회의 다양성을 반영하라.

청소년·종교단체에서

◌ 상대방과 지역사회, 나아가 세계에 공감하고 감정을 나누는 일에 종교단체로서 모범을 보여라.

◌ 아이들이 다른 문화와 전통을 접할 수 있는 봉사 프로젝트와 선교 활동을 후원하라. 아이들이 공감의 감정을 내면화할 수 있도

록 경험을 곰곰이 생각해보는 시간을 갖게 하라.

- 아이들로 하여금 이성 만나기, 친구 사귀기, 우정 지속하기 등 인간관계와 관련된 문제를 주제로 토론해보게 하라.
- 아이들이 종교가 다른 친구들을 초대할 수 있는 사교 모임을 계획하라.
- 친절한 종교단체가 되도록 노력하라. 새로운 사람과 방문객이 편안함과 소속감을 느끼도록 도와라.

: 자산 34 :

문화적 역량

아이들은 다양한 문화와 인종, 민족적 배경을 지닌 사람들을 알고 있으며, 그들과 스스럼없이 어울린다.

42%의 아이들이 이러한 자산을 가진 것으로 조사되었다.

가정에서

- 자녀에게 자신이 물려받은 유산에 대해 가르쳐라. 그리고 자녀가 자신이 물려받은 문화와 민족, 인종적 정체성에 대해 우월감이 아니라 자부심을 느끼도록 하라.
- 가족이 함께 다양한 문화적 종교 전통을 축하하는 행사에 참석하고, 이후 행사와 관련해 대화를 나눠라.
- 가족의 기념행사에 다양한 문화를 포함하라. 예를 들어 다른 언어를 배우거나 다른 문화권의 음식을 준비하고, 세계 음악을 들

는 것 등이다.

- 차이에 관해 긍정적으로 토론하는 분위기를 만들어라. 자신과 다르다고 남을 비난하거나 조롱하는 일을 용납하지 마라.
- 자녀가 다양한 사람들을 만날 수 있도록 기회를 마련하라. 다양한 문화와 배경을 지닌 친구와 이웃을 가정에 초대하라.
- TV, 영화, 책, 웹사이트에 나타나는 다양한 문화적 배경을 지닌 사람들의 이미지를 자세히 관찰하라. 어떤 이미지가 진실이고 어떤 이미지가 고정관념인지, 그 차이를 어떻게 구별할 수 있는지에 관해 토론하라.
- 자녀가 SNS 등을 통해 다른 나라의 친구와 교류하도록 격려하라.
- 여러분이 인종 차별적인 태도나 편견, 선입견을 품고 있지는 않은지 살펴라. 그리고 그것들을 극복하려고 노력하라. 인종 차별, 편견, 선입견에 관해 자녀와 대화를 나눠라.
- 자녀가 문화적, 인종적 차이에 대해 부정적인 반응을 보일 때 그냥 넘어가지 마라. 즉시 어떤 일이 일어났으며 자녀의 감정은 어떠한지 자세히 알아보라. 자신이 왜 그런 반응을 보였는지 자녀가 스스로 깨닫도록 여러 가지 질문을 하라. 다른 사람에게 상처가 될 수 있는 부정적인 반응을 지적하고, 문화적 역량을 강화할 대안을 제시하라.

학교에서

- 차이를 인정하고 존중하는 모범을 보이고, 그러한 태도를 학교의 중요한 가치로 삼아라. 학생들의 인종 차별이나 편견, 선입견을 용납하지 마라.
- 문화적 차이를 존중하고 서로 협력하는 것과 관련해 교사와 직원들을 교육하라.
- 전 과목에 다양한 사람들의 사상과 업적을 포함하고, 교과 과정에 다양한 문화적 정보(역사, 문학, 미술, 음악, 전기, 철학)를 통합하라.
- 학생들에게 차이를 더 많이 인식하고 받아들일 수 있게 하는 활동을 제공하라.
- 학생들에게 그들의 유산을 나누고 기념할 기회를 제공하라.
- 학생들에게 그들과 다른 사람들과 교류하는 방법을 가르쳐라.

지역사회에서

- 지역사회 신문이나 책자, 광고, 포스터, 홍보 자료에 다양한 사람들(남자, 여자, 젊은이, 어른, 흑인, 백인, 히스패닉, 북미 원주민, 아시아인)의 이미지와 목소리를 포함하라.
- 지역 신문과 잡지, TV, 웹사이트, 라디오 등을 적극적으로 활용하여 주민들에게 지역사회 내 다양한 문화와 관습을 알려라.
- 지역사회 내 다양한 문화 행사를 기념하라.

- 다양성을 존중하는 지역사회의 기대를 명확히 제시하고, 인종 차별이나 편견, 선입견을 용납하지 마라.
- 문화유산 축제를 통해 지역사회의 다양성을 기념하라.
- 아이들에게 그들의 뿌리를 이해하고 존중하게 해주는 프로그램을 지원하고 확대하라. 아이들이 그들의 유산을 받아들이고 문화적 강점을 주장할 수 있도록 격려하라.

청소년·종교단체에서

- 다른 종교단체와 교류하라. 회원들이 다른 종교단체 회원들을 만나고, 협력하고, 봉사하고, 서로 알아갈 수 있도록 하라.
- 종교 교육 수업에 사용되는 자료들이 문화적 다양성을 반영할 수 있게 하라.
- 교육 수업과 예배에 다양한 문화적 정보와 전통을 포함하라.
- 특별한 축제나 행사에 다른 종교단체 회원들을 초대하라. 또는 종교단체 내 여러 청소년 단체들을 함께 어울리게 하라.

: 자산 35 :

저항의 기술

아이들은 부정적인 또래의 압력에 저항하고 위험한 상황을 피할 수 있다.

45%의 아이들이 이러한 자산을 가진 것으로 조사되었다.

가정에서

- 자녀가 가정에서 자신의 감정과 가치와 신념을 표현하도록 격려하고, 예의 바르게 부모의 의견에 반대하는 것을 허용하라.
- 자녀와 저항하는 다양한 방법에 관해 대화를 나눠라. 예를 들어 다음과 같은 방법이 있다. 상황에서 빠져나온다. 조용히 싫다고 말한다. 자신의 감정을 솔직하게 말한다. 유머를 구사한다. 단호히 자기 권리를 주장한다. 상대나 상황을 무시한다. 상대에 맞선다. 친구에게 도움을 요청한다. 이후로 그러한 상황에 거리를 둔

다. 또래 중재자에게 도움을 요청한다. 관심을 기울이는 어른에게 이야기한다. 이 중 자녀가 가장 선호하는 방법은 무엇인가? 또 가장 꺼리는 방법은 무엇인가? 이유는 무엇인가?

Q 저항의 기술이 필요한 때를 가정하고 자녀와 역할극을 해보라. 예를 들어 다음과 같은 방법이 있다. 성행위나 음주, 흡연을 해야 하는 상황에 놓인다. 술 취한 사람이 운전하는 차에 타기를 강요당한다. 부모가 없는 집에서 여는 친구의 파티에 초대받는다. 가게 물건을 훔치지 않는다고 겁쟁이라고 조롱당한다. 시험에 부정행위를 하는 친구를 도와주지 않았다고 배신자로 불린다.

Q 자녀의 친구들이 누구인지 확인하고, 그들을 잘 알기 위해 노력하라.

Q 또래의 압력에 관해 자녀와 대화를 나눠라. 여러분 자신의 어린 시절과 청소년 시절 이야기를 들려줘라.

Q 자녀에게 자기주장, 공격성, 수동성의 차이를 알려줘라. 자기주장은 적극적이고 긍정적인 태도이지만, 공격성은 부정적이고 부담스러운 태도이다. 수동성은 사람을 나약하게 만든다. 자녀와 함께 이 세 가지 태도에 관한 역할극을 해보고, 자기주장의 기술을 가르쳐라.

학교에서

- 학생들이 거절에 대한 두려움 없이 자신들의 감정, 믿음, 가치, 의견을 자유롭게 표현하도록 하라. 교내의 그 어떤 형태의 집단 괴롭힘도 용납하지 마라.
- 어려운 상황이 닥쳤을 때를 가정한 역할극을 통해 학생들이 저항의 기술을 익히고 강화하게 하라(218쪽 '가정에서' 두 번째 항목 참조).
- 건강 및 질병 예방 교육에 저항의 기술을 포함하라. 학생들과 또래의 압력에 관해 대화하라.
- 학생 지도자들이 자기 자신과 친구들을 지킬 수 있도록 저항의 기술을 가르쳐라.
- 학생들에게 자기주장, 공격성, 수동성의 차이를 가르쳐라. 자기주장 기술의 모범을 보이고 역할극을 해보라. 학생들이 자기 권리를 주장할 수 있도록 격려하라.
- 수업, 학생 면담, 그 밖에 다른 곳에서 학생들과 교류하는 동안 여러분이 자기주장의 가치를 중요하게 여긴다는 사실을 보여줘라. 다른 의견도 기꺼이 경청하라.

지역사회에서

- 아이들에게 자신의 가치와 신념을 표현하고 행동으로 옮길 기회를 제공하라.

- 아이들을 만나면 건강한 태도와 저항의 기술을 강화할 기회가 있는지 살펴라.
- 아이들이 부정적인 또래의 압력에 저항하고 위험한 상황을 피하도록 끊임없이 격려의 메시지를 보내라. 매체들에도 이러한 노력에 동참할 것을 요청하라. 어떤 메시지를 보내야 효과가 있을지 아이들의 의견을 들어보라. 어떤 표현과 접근법을 써야 아이들이 외면하지 않고 주의를 기울일지 고민하라.
- 10대들이 팀을 구성해 더 어린 아이들에게 저항의 기술을 가르치게 하라. 이러한 과정에 역할극, 연극, 인형극, 음악, 미술을 도구로 활용하라.
- 어린이, 청소년, 어른을 위한 자기주장 훈련 워크숍과 세미나를 열어라.

청소년·종교단체에서

- 청소년 교육 프로그램에 저항의 기술을 포함하라.
- 종교가 부정적인 또래의 압력에 저항하고 위험한 상황을 피할 수 있게 해주는 방책으로 생각할 수 있게 도와라.
- 아이들이 저항의 기술을 익히고 강화할 수 있도록, 함께 어려운 상황을 가정한 역할극을 해보라. 저항의 기술을 가르칠 기회를 적극적으로 받아들여라(219쪽 '가정에서' 두 번째 항목 참조).

Q 아이들을 위한 토론 그룹을 운영하라. 아이들이 자신들의 신념에 어긋나는 행동을 강요받았다고 생각하는 경험에 관해 이야기하게 하라.

: 자산 36 :

평화적인 갈등 해결

아이들은 갈등을 평화적으로 해결하기 위해 노력한다.

44%의 아이들이 이러한 자산을 가진 것으로 조사되었다.

가정에서

- 가정에서 갈등을 평화롭게 해결함으로써 자녀에게 모범을 보여라.
- 가족 간의 갈등을 평화롭게 해결하는 방법을 배우고 연습하라. 갈등이 생기면 다음과 같이 해보라. 1) 관련된 모든 가족이 다른 가족에 대한 비난 없이 자신의 요구와 필요를 말하게 하라. 2) 서로의 주장을 진지하게 듣고 이해하려고 노력하게 하라. 3) 현재 문제가 되는 갈등에만 초점을 맞추어라. 4) 새롭고 창의적인 문제 해결 방법을 강조하라. 5) 모두에게 유리한 결과가 나올 때까

지 논의를 계속하라.

◯ 감정이 격해졌거나 분노 때문에 갈등을 평화롭게 해결할 수 없다면 잠시 논의를 중단하라. 논의를 재개할 시간을 합의한 뒤 다시 논의하라.

◯ 문제가 더 커지기 전에 가족이 함께 대화를 통해 작은 갈등부터 해결하라.

◯ 자녀에게 '나~ 전달법'을 활용하는 법을 가르쳐라. '나~ 전달법'의 기본 형식은 "나는 ~하면 ~때문에 ~해. 나는 네가 ~하면 좋겠어"이다. 예를 들어 아이에게 "네가 말도 없이 옷을 가져가면 매우 화가 나"라고 말하는 대신, "나는 네가 말도 없이 옷을 가져가면 그 옷을 못 입기 때문에 화가 나. 네가 먼저 물어봐주었으면 좋겠어"라고 말하게 한다.

◯ 자녀와 함께 평화와 평화로운 갈등 해결에 관한 책을 읽어라. 도서관 사서에게서 좋은 책을 추천받고, 책을 읽은 후에는 자녀와 토론하라.

◯ 가정에 '평화의 공간'을 마련하라. 가족들이 갈등 해결이 필요할 때 찾는 장소로 방이나 특정 공간을 정해놓으면 좋다. 평화의 공간에서 지켜야 할 규칙은 다음과 같다. 1) 가족의 요청이 있으면 그곳으로 가라. 2) 존중의 언어를 사용하라. 3) 한 사람씩 말하기와 듣기를 번갈아가며 하라. 4) '나~ 전달법'을 이용하라. 5) 문제가 너무 커서 해결이 어렵다면 도움을 요청하라.

- 자녀에게 때리거나 밀고, 발로 차는 등의 폭력적인 행동은 해서는 안 된다고 가르쳐라. 이 원칙을 어른에게도 똑같이 적용하라.

학교에서

- 학교의 중요한 가치에 평화를 포함하라. 평화로운 학교를 만들기 위한 서약서를 만들어 학생, 교사, 직원의 서명을 받아라. 그리고 그 서약서를 모두가 매일 보는 장소에 게시하라.
- 학생, 교사, 직원에게 갈등 해결 훈련을 받게 하라.
- 집단 괴롭힘을 금지하는 엄격한 규칙을 만들어라.
- 가정에서처럼 교실에도 '평화의 공간'을 마련하라. 학생들이 조용히 생각하거나 안정을 찾고 싶을 때 언제든 갈 수 있는 공간으로 만들어라. 그곳을 학생들의 미술작품과 포스터로 장식하고, 책을 읽고 잔잔한 음악을 들을 수 있게 하라.
- 평화 동아리를 만들어라.
- 또래 중재 시스템을 만들어 학생들이 평화적으로 갈등을 해결하는 것을 서로 도울 수 있게 하라.
- 교과 과정에 평화와 평화 중재자에 관한 수업을 포함하라.
- 교내에서 어떤 형태의 폭력도 용납하지 마라.

지역사회에서

- 평화적인 갈등 해결을 주제로 지역사회의 공동 책임을 전개하라.
- 평화를 위해 일하는 지역사회 구성원들의 노력을 높이 사고 널리 알려라.
- 가정 폭력과 학대를 줄이기 위해 노력하는 프로그램과 조직을 지원하라.
- 도움이 필요한 이웃과 가정, 아이들을 위한 중재 서비스를 제공하라.
- 갈등 해결에 관한 수업과 워크숍을 제공하고, 부모와 청소년, 어린이를 비롯한 전 가족이 참여할 수 있게 하라.

청소년·종교단체에서

- 청소년과 어른에게 갈등 해결의 기술을 가르쳐라. 회원들의 가정에 발송하는 우편물에 관련 글과 제안을 포함하라.
- 평화를 지향하는 종교의 의무를 기억하고 청소년이 이러한 자산을 쌓도록 도와라.
- 회원들이 갈등을 평화적으로 해결했던 경험을 공유하게 하라.
- 아이들이 갈등을 평화적으로 해결하는 데 서로 도울 수 있도록 또래 중재 시스템을 만들어라.

긍정자산 만들기

오리건 주 밀턴 프리워터에서는 사과 농장이 지역 경제의 중요한 부분을 차지한다. 이곳에서는 지역 학교, 사업체, 대학, 자원봉사자들이 협력해 고등학생들에게 농장 경영은 물론 지역 사업체 경영에 필요한 실행, 계획, 의사결정 과정을 가르친다.

자원봉사자들은 매주 지역 사업체들이 기증한 온실에서 학생들에게 종자 발아와 같은 농업의 다양한 측면들을 설명해준다. 과학교사인 다이앤 그로프Diane Groff는 이러한 수업을 통해 학생들이 살아 있는 생명에 대한 성장과 책임감, 존경심을 갖게 되며, 더불어 지역의 핵심 산업에 대한 현장 및 연구 경험을 쌓게 된다고 말한다.

그뿐만이 아니다. 학생들은 자원봉사자들과 관계를 맺음으로써 기술 확대는 물론 그들의 삶에 중요한 어른들, 그리고 역할 모델들과의 네트워크를 확장할 수 있다.

이러한 프로젝트의 투자 기금은 학생들 스스로가 참여한 환경 관련 사업에서 나온다. 가령 학생들은 3,000그루의 어린 담쟁이 묘목을 심어 도시에 판매한다. 그러고 나서 이 담쟁이를 지역 고속도로의 벽면에 지표식물로 심는다.

PART 8

긍정적인 정체성 POSITIVE IDENTITY

아이들에게는 그들 자신의 강력한 힘, 목적, 가치, 전망이 필요하다.

긍정적인 정체성 자산 네 가지는 다음과 같다
37. 개인적 역량
38. 자존감
39. 목적의식
40. 미래에 대한 긍정적인 전망

아이들은 더 많은 힘, 목적, 가치, 전망을 가질수록 더욱 건강하게 자랄 가능성이 높다.

: 자산 37 :

개인적 역량

아이들은 일어나는 많은 일을 스스로 통제할 수 있다고 믿는다.

45%의 아이들이 이러한 자산을 가진 것으로 조사되었다.

가정에서

- 자녀의 능력에 대한 믿음을 표현하라. 자신의 능력에 확신이 있는 아이만이 개인적 역량을 갖출 수 있다.
- 자녀가 우리가 통제할 수 있는 것과 없는 것의 차이를 이해하도록 도와라. 우리는 자신의 말과 행동은 통제할 수 있지만 다른 사람의 말과 행동은 통제할 수 없기 때문이다.
- 문제가 발생하면 자녀가 해결책을 찾도록 격려하고, 계속 이렇게 물어라. "이 일을 어떻게 해결할 수 있을까?"

- 가족의 의사 결정에 자녀들을 참여시켜라.
- 자녀가 자라면서 그 연령에 맞는 선택을 할 수 있게 도와라.
- 가족이 모여 서로 하루의 일과를 이야기하면서 '피해의식이 드러나는 말'과 '개인적 역량이 드러나는 말'을 지적하도록 하라. 예를 들어 "사라 때문에 발표하다가 창피를 당했어요"는 피해의식이 드러나는 말이고, "다른 아이들이 제이콥을 놀렸지만 저는 동참하지 않았어요"는 개인적 역량이 드러나는 말이다.
- 가족들이 건강한 생활 습관을 갖도록 도와라. 자신을 잘 가꾸는 일은 개인적 역량을 기르는 훌륭한 방법이다.
- 자녀의 사회적 역량을 길러주기 위해 노력하라(자산 32~36을 참조). 사회적 역량이 있는 아이들이 개인적 역량을 더 잘 발휘한다.
- 자녀가 다른 사람을 위해 봉사하도록 격려하라(자산 26~27을 참조). 세상을 변화시킬 수 있다고 믿는 아이들은 엄청난 개인적 역량을 가지고 있다.

학교에서

- 학생들이 언제 힘이 있다고 느끼고 언제 힘이 없다고 느끼는지에 대해 대화를 나눠라. 그 둘의 차이는 무엇인가? 힘이 없다고 느낄 때, 그것은 선택권이 없기 때문인가? 힘이 있다고 느낄 때, 그것은 선택권이 있기 때문인가?

- 학생들이 어떤 과제를 하고 어떤 프로젝트를 수행할지, 에세이를 쓸지 시를 쓸지 등을 선택하게 하라.
- 역경을 딛고 용감히 일어서거나 다른 사람들의 삶을 변화시킨 실제 인물들의 사례를 들어 '한 사람의 힘'이 세상을 변화시키는 데 중요하다는 메시지를 강조하라.
- 자신의 행동을 통제하는 학생 개개인의 능력을 강조하라. 다른 아이들과는 다른 방식으로 자기 행동을 통제하는 학생을 도와라.
- 교실이나 교내에 제안함을 설치하고 더 나은 학교를 만들기 위한 학생들의 제안을 요청하라. 가능한 한 많은 제안을 실행하고, 제안을 한 학생들을 칭찬하라.
- 교내 의사 결정에 학생들을 적극적으로 참여시켜라. 가능하면 학교 분위기, 정책, 특별 활동, 교과 과정 같은 중요한 결정에 학생들이 참여하도록 하라.
- 교사들을 도와 학생들을 지나치게 통제하지 않으면서 교내 질서를 유지하도록 하라.

지역사회에서

- 훌륭한 판단력을 보여준 아이들을 인정하고 칭찬하라.
- 여러분이 지역사회의 중요한 현안에 대해 해결책을 제시해보라. 그렇게 함으로써 아이들에게 문제 해결과 개인적 역량에 대한 모

범을 보여라.
- 청소년 직업 훈련에 문제 해결 기술을 포함하라.
- 지역사회 내 청소년 문제 및 정책을 해결하는 데 아이들을 참여시켜라. 아이들에게 의미 있는 역할을 부여하고, 여러분이 그들의 공헌을 가치 있게 여긴다는 사실을 보여줘라.
- 청소년의 능력을 인정하고, 가능한 한 많은 선택권을 주도록 어른들을 훈련하라.

청소년·종교단체에서

- 계획과 의사 결정 과정에 아이들을 참여시킴으로써 조직에 없어서는 안 될 중요한 존재임을 인지하게 하라.
- 청소년 프로그램을 계획할 때 아이들의 발언권을 허용하라.
- 청소년들이 자신에게 가장 잘 맞고, 자신의 흥미와 필요를 충족하는 활동에 참여할 수 있도록 다양한 선택권을 제공하라.
- 아이들에게 다른 사람을 위해 봉사할 기회를 제공하라. 그들에게 세상을 변화시킬 힘이 있다는 사실을 알려라.

: 자산 38 :

자존감

아이들은 자신을 긍정한다.

52%의 아이들이 이러한 자산을 가진 것으로 조사되었다.

가정에서

- 자녀에게 자주 애정을 표현하라. 그들이 여러분에게 얼마나 소중한 존재인지 말과 행동으로 보여줘라.
- 여러분이 발견한 자녀의 장점을 포스트잇에 구체적으로 적은 다음 자녀의 방 이곳저곳에 숨겨둬라.
- 자녀 각자의 개성을 칭찬하라. 유머 감각이든 컴퓨터를 다루는 솜씨든 노래할 때의 고운 목소리든 멋진 미소든. 자녀에게서 여러분이 가치 있게 여기고 인정해줄 만한 점을 찾도록 노력하라.

◦ 자녀가 실수나 나쁜 선택을 했을 때는 그러한 행위를 자녀와 분리해 생각하라. 나쁜 것은 선택이지 자녀가 아니다.
◦ 자녀를 존중하는 태도를 보여라. 자녀의 말을 끝까지 들어주고, 고함을 지르지 않고 말하라.
◦ 자녀의 요구를 거절할 때는 존중하는 태도로 아이의 기분을 배려하면서 하라. 거절의 이유를 솔직하면서도 합리적으로 설명하도록 노력하라.
◦ 자녀가 자신이 이룬 것에 관해 계속 일기를 쓰도록 하라. 그것은 결국 긍정적인 감정의 '저축'이 된다. 또는 '우리가 해냈어!'라는 제목으로 가족 일기를 써라. 가족회의 때 각자 자신이 이룬 성취나 자신이 발견한 다른 가족의 성취를 하나씩 이야기하게 하라. 정기적으로 이러한 성공을 축하하는 자리를 마련하라.

학교에서

◦ 점수를 학생을 칭찬할 기회로 활용하라. 그렇다고 점수를 받을 만한 일이 아닌데도 점수를 주라는 게 아니라 정직하게 점수를 매기고 칭찬의 말을 덧붙이라는 것이다.
◦ 숙제, 보고서, 시험 결과에 대해 앞으로 더 잘할 수 있는 방향으로 비판하라. 더 잘하도록 대안을 제시하고 칭찬의 말도 잊지 마라.
◦ 학생들을 진지하게 대하라. 그들에게 의견을 구하고, 그들의 견

해와 제안에 귀를 기울이며, 그들의 능력과 성취를 인정하라.
- 학생들이 비판을 수용하고 앞으로 더 잘할 수 있도록 가르쳐라.
- 모든 학생을 존중하라. 한 사람도 빠짐없이 학급 토론에 참여하도록 격려하고, 각자의 재능을 확인하고 칭찬하라.

지역사회에서

- 따로 시간을 내서 청소년들에게 관심을 표시하라. 식료품점이나 극장에서 줄을 서는 동안에도 그렇게 할 수 있다. 여러분이 그들을 소중히 여기며, 그들과의 대화를 즐긴다는 사실을 태도와 행동으로 보여줘라.
- 자존감 계발과 강화를 주제로 청소년을 위한 수업과 워크숍을 실시하라. 주제로는 긍정적인 자기 대화, 실수에서 배우기, 칭찬 받아들이기, 필요한 것 요청하기 등이 포함될 수 있다.
- 전문가를 초청해 아이의 자존감 형성을 주제로 강연하게 하라.
- 지역사회 행사를 계획하는 데 청소년을 참여시키고, 이후 그들의 성취를 칭찬하라.

청소년·종교단체에서

- 청소년들을 있는 모습 그대로 인정하고 포용하라. 각자의 재능과

능력, 성취를 인정하고 칭찬하라.
- 자녀의 자존감 형성을 주제로 부모를 위한 워크숍과 세미나를 개최하라.
- 종교단체 내 청소년들의 이름을 외우고, 만날 때마다 반갑게 인사하라.

: 자산 39 :

목적의식

아이들은 인생에 목적이 있다고 믿는다.

63%의 아이들이 이러한 자산을 가진 것으로 조사되었다.

가정에서

- 인생에 목적의식을 갖는다는 것이 무엇을 의미하는지 모범을 보여라. 자신이 가치 있게 여기는 일을 하고, 재능을 계발하며, 꿈을 추구하라. 여러분의 목적의식을 자녀와 공유하라. 그리고 자신의 인생을 의미 있게 여긴다는 점을 분명히 보여줘라.
- 냉장고에 영감을 주는 격언들을 붙여놓고 자녀에게도 보게 하라. 그러한 격언들이 어떻게 여러분의 가치를 형성하는 데 도움을 주었고, 동기를 부여했으며, 목적을 잃지 않도록 도왔는지 설명하

라. 그리고 자녀가 자신에게 용기와 희망을 주는 격언을 찾아 붙이도록 하라.

○ 자녀의 TV, 인터넷, 전화의 사용 시간을 제한하라. 대신 취미활동을 하도록 격려하라.

○ 가족들이 각자 자신이 열정을 갖고 하는 일 다섯 개씩을 적은 다음 서로의 '열정 목록'을 비교하고 토론해보라. 놀라운 점이 있는가? 혹시 가족 구성원 두 명이 같은 열정을 갖고 있다면 그것을 함께 추구할 수도 있지 않을까?

○ 자녀가 자신의 꿈을 이야기할 때 주의 깊게 들어주고, 자녀의 열정을 공유하라. 자녀가 관심 있는 일과 꿈을 추구하는 데 부모로서 어떻게 도와주면 좋을지 물어보라.

○ 자녀가 자신의 재능과 흥미를 키울 수 있는 활동에 참여하도록 격려하라. 다른 어른들, 그리고 비슷한 재능과 흥미를 느끼는 청소년들과 네트워크를 형성하라. 혹시 여러분이 의미 있는 활동에 함께 참여할 수 있는지 알아보라.

○ 강한 목적의식을 가진 것처럼 보이는 가족이나 이웃을 자녀와 함께 인터뷰하라. 그는 어떻게 그러한 목적을 가지게 되었는가? 목적의식을 잃지 않기 위해 그가 하는 일은 무엇인가?

○ 자녀에게 가족의 가치와 일치하는 의미를 찾을 기회를 제공하라. 여기에는 봉사, 종교 활동, 정치 참여 등이 포함된다.

학교에서

- 학생들에게 그들의 꿈과 장·단기 목표를 적게 한 뒤 어떻게 이루어나가고 있는지 정기적으로 확인하라. 그리고 목표를 수정하거나 새로운 목표를 설정해도 된다는 사실을 알려라.
- 학생들이 학교에서 배우는 모든 것에서 목적을 발견하도록 도와라. 예를 들어 문학 작품을 읽는 목적에 대해 배운다면, 자기 자신과 타인에 대한 이해를 깊게 해주기 때문이라는 것을 이끌어낼 수 있을 것이다.
- 교실에서 학습한 내용과, 세상의 중요한 기회와 요구, 쟁점 등을 연결하라.
- 학생들에게 고난을 극복하고 꿈을 이룬 사람들에 관한 이야기나 책을 읽게 하라.
- 학생들에게 자신의 미래를 곰곰이 생각하고 계획해볼 기회를 제공하라.
- 봉사 학습을 학교의 정규 교과 과정에 포함시켜라. 세상을 변화시키는 학생들은 자신들의 삶이 의미와 목적이 있다는 사실을 알고 있다.

지역사회에서

- 자원봉사 활동에 어린이와 10대를 참여시키고, 그들의 기술과

재능, 공헌을 인정하라.
- 여러분이 알고 지내는 청소년에게 꿈을 물어보고, 그 꿈을 이루는 데 필요한 격려와 조언을 아끼지 마라. 여러분처럼 되고 싶어 하는 아이의 멘토가 되어라.
- 청소년이 지역사회에 도움이 될 수 있도록 그들에게 의미 있는 기회를 제공하라.
- 지역사회에 큰 공헌을 한 구성원들을 강조하라.

청소년·종교단체에서

- 삶에서 의미를 찾고, 그것을 일상의 활동과 직업 선택, 대인관계, 행동에 적용하는 방법을 알려줘라.
- 청소년들이 그들만의 가치를 고민하고, 질문하고, 계발할 수 있도록 격려하라.
- 종교 수업이나 설교, 강론을 통해 삶의 의미와 목적을 찾는 일의 중요성을 강조하라.
- 아이들이 그들의 재능을 발견하고, 키우고, 축하하도록 도와라. 또한 흥미와 재능을 키울 수 있게 아이들에게 기회를 제공하라.

: 자산 40 :
미래에 대한 긍정적인 전망

> 아이들은 자신의 미래를 긍정적으로 생각한다.

> **75%**의 아이들이 이러한 자산을 가진 것으로 조사되었다.

가정에서

- 희망을 불어넣으면 희망적이 되고 낙관주의를 불어넣으면 낙관적이 된다. 설레는 마음으로 여러분과 가족의 미래를 그려보라.
- 자녀의 꿈을 순진하다거나 비현실적이라고 일축하지 마라. 여러분에게 꿈을 말할 수 있게 격려하고, 아이들의 열정에 공감하라. 아이들이 꿈을 이루기 위해 계획을 세우는 일을 도와라.
- 가족의 사전에서 부정적인 단어를 없애라. "안 될 거야" 대신 "한번 해보지 뭐!"라고 말하고, "너 혼자선 못 해" 대신 "네가 할 수

있게 도와줄게"라고 말하라.
- 지역사회와 세상에서 발견되는 희망의 징조에 관심을 기울여라. 현재의 잘못된 점이나 미래의 우려할 만한 점에만 초점을 맞추지 마라.
- 자녀와 함께 미래에 대한 두려움을 그림으로 표현하라. 그에 관해 이야기를 나눈 다음 그림을 찢어라. 고난이나 두려운 일, 고통스러운 상황이 발생했을 때 어떻게 힘을 내 그것을 극복할 수 있는지를 주제로 토론하라.
- 시간을 내 인생을 즐겨라. 아름다운 일몰, 훌륭한 식사, 재미있는 TV 쇼, 귀여운 반려동물, 정원의 꽃, 라디오에서 나오는 음악을 음미하고 감사하라. 그리고 자녀와 기쁨을 공유하라.
- 때로는 즉흥적이 되어라. 하던 일을 멈추고 아이와 함께 공놀이와 산책을 하고, 영화를 보고 게임을 하라. 즉흥적인 행동에는 으레 기대가 포함되기 마련이다. 여러분이 갑자기 뭔가를 하기로 한 것은 즐거운 시간에 대한 기대가 있기 때문이다.

학교에서

- 학생들이 꿈을 좇도록 격려와 지원을 아끼지 마라.
- 학생들이 자신들과 비슷한 배경을 지닌 긍정적인 역할 모델을 접할 수 있게 하라. 그러한 일은 특히 문제가 있거나 경제적으로 불

우한 가정의 학생들에게 큰 영향을 미친다. 아이들은 역할 모델을 보며 자신의 미래에 희망을 품을 수 있기 때문이다.
- 낙관적인 분위기를 조성하라. 학생들이 성공할 것이라 기대하라. 낮은 성적을 받은 학생의 성적표에도 "다음엔 더 잘할 수 있을 거야"와 같은 격려의 글을 써주도록 하라.
- 학생들에게 미래에 이루고 싶은 목표와 꿈을 말하도록 하라.

지역사회에서

- 청소년들이 사회에 희망을 불어넣는 개인적 목표를 설정하도록 도와라.
- 아이들에게 그들이 두려워하는 것, 즉 그들이 목표를 이루는 것을 방해하는 것에 이름을 붙이게 하라. 일단 두려움에 이름이 붙으면 그것을 다루고 해결하기가 쉬워진다.
- 여러분이 속한 지역사회의 장점을 확인하고 널리 알려라. 지역사회의 미래를 낙관하라.
- 청소년의 행복을 위해 지역사회가 모든 노력을 기울일 것을 공표하라. 이러한 공약을 실현하기 위해 지역사회가 해야 할 일의 목록을 만들고, 지역 신문이나 웹사이트에 알려라. 이러한 일은 지역사회에 낙관주의를 심는 데 도움이 될 것이다.

청소년·종교단체에서

Q 아이들이 자유롭게 희망과 꿈을 이야기할 수 있도록 격려하라.

Q 아이들에게 희망을 전파하라.

Q 더 희망적인 미래를 향한 프로젝트를 실행하라. 문제 해결에 급급한 것에서 벗어나 희망적이고 창의적인 분야를 발견하고, 아이들의 적극적인 참여를 유도하라.

긍정자산 만들기

"이마니 서클Imani Circle" "쿰바 클래스Kuumba Class" "라이언스 덴Lion's Den"은 아칸소 주 리틀록 소재 리버티 힐 침례교회의 '형제가 형제에게 Brother to Brother' 프로그램의 철학을 대변하는 말들이다. 빈곤과 높은 범죄율에 노출된 이웃을 돕는 것이 목적인 이 프로그램은, 흑인 젊은이들이 그들의 문화적 뿌리를 계승하도록 돕는 일이 그들의 건강과 행복 증진에 매우 중요하다는 아이디어에서 시작되었다.

'형제가 형제에게' 프로그램은 긍정적인 정체성과 문화적 유산을 바탕으로, 청소년들에게 조직 체계와 지원, 기회를 제공할 수 있도록 세심하게 설계되었다. 이마니 서클(스와힐리어로 '신념'을 뜻한다)은 나눔과 긍정의 시간이다. 쿰바 클래스(쿰바는 스와힐리어로 '창의성'을 뜻한다)에서 청소년들은 가면이나 인형을 만들거나 예술과 공예 활동을 한다. 라이언스 덴은 레크리에이션을 위한 공간이다. 프로그램 관리자인 지미 커닝햄Jimmy Cunningham은 말한다.

"이 젊은이들은 흑인으로서 학교와 지역사회로부터 비난을 받는다고 느낍니다."

"다문화가 점점 더 증가하는 세상에서…… 자기 정체성을 인정하고 굳건히 하는 일은 더욱 중요해지고 있습니다."

커닝햄은 자산 만들기 프로그램인 '형제가 형제에게' 프로그램이 이러한 젊은이들이 '더욱 단단한 뿌리와 정체성을 갖도록' 돕고 있다고 말한다.

에필로그

자산 만들기에
도전해보라

Overcoming the Challenges
to Asset Building

일부 아이들에게 긍정자산 만들기는 비교적 쉬운 일일 수 있다. 아이들이 든든한 가정과 지역사회에서 자랄 때, 관심을 기울이고 애정이 넘치는 사람들에 둘러싸여 자랄 때, 그들은 자산을 만들어나가는 과정이나 인생의 긍정적인 기회들을 붙잡는 데 별다른 어려움을 겪지 않는다.

하지만 그렇지 못한 아이들은 어떨까? 일부 아이들은 학대의 희생자가 된다. 또 다른 아이들은 가난하게 자라며 긍정적인 활동과 영향에서 소외된다. 어떤 아이들은 긍정적인 영향이 비집고 들어올 틈 없이 해로운 영향들, 이를테면 집단 괴롭힘, 스트레스, 소외, 부정적인 또래의 압력, 부정적인 가치에 둘러싸인 채 자란다.

전국적인 조사를 통해 우리는 아이들의 성공에 방해가 되는 요소들을 살펴보았다. 우리는 그것을 '발달 결핍developmental deficit'이라고 부른다. 발달 결핍이 높은 아이일수록 많은 자산을 쌓을 가능성이 낮다. 따라서 부정적인 결정과 선택을 하고, 위험한 행동을 할 가능성이 높다.

수년간의 조사 결과 나타난 주요 결핍 다섯 가지는 다음과 같다.

1. 학기 중 매일 두 시간 이상 어른이 없는 집에 혼자 있기
2. 하루에 세 시간 이상 TV나 비디오 시청하기
3. 음주와 흡연을 하는 친구나 또래의 모임에 참석하기
4. 가족에게 또는 가정에서 육체적인 학대당하기
5. 가정 밖에서 폭력의 희생자 되기

어려운 가정 형편은 자산 만들기를 위한 노력에 해를 입힐 수 있다. 경제적 여유가 없다면 아이들이 어떻게 음악과 그림 수업을 받을 수 있겠는가? 당장 수학여행 갈 돈이 없는데 대학 진학을 희망하는 것이 무슨 도움이 되겠는가? 먹을 것이 부족한데 어떻게 학교에서 공부에 집중할 수 있겠는가? 생계를 꾸리기 위해 두 가지 직업을 병행해야 하는 부모가 어떻게 든든하고 사랑이 넘치는 가정을 만들 수 있겠는가?

정말 아이들이 성공하기를 바란다면 이러한 것들은 사회적으로 반드시 해결해야 할 심각하고 어려운 문제들이다. 따라서 우리는

자산 만들기에 집중하는 한편, 아이들의 건강과 행복을 방해하는 이러한 문제들을 없애고 결핍을 방지하기 위해 많은 노력을 기울여야 한다.

아이들이 결핍을 극복하도록 도와라

결핍과 관련한 좋은 소식도 있다. 어떤 아이들은 역경을 이겨낸다. 결핍이 있는 아이라고 해서 반드시 실패하는 것은 아니라는 말이다. 많은 어려움이 있더라도 성공하는 아이들이 있다. 왜 그럴까? 그들에게는 결핍을 상쇄하고 심지어 극복하게 하는 인생의 중요한 자산이 있기 때문이다.

다음은 결핍을 지닌 아이들을 돋보이게 만드는 다섯 가지 요소이다.

1. 어른들이 이끄는 체계적인 활동에 적극 참여시키기
2. 경계와 한계 정하기
3. 교육에 대한 강력한 헌신 기르기
4. 가정뿐만 아니라 그들 삶의 모든 부분을 지원하고 배려하기
5. 긍정적인 가치와 다른 사람에 대한 관심 기르기

아이들에게 자산 만들기는 쉽지 않을 수 있지만, 그런데도 그들은 해낼 수 있다. 우리는 언제라도 어려움에 처한 아이들을 돕고 싶어 하는데, 이것은 어려움에 처한 아이들을 도와주는 것 이상의 의미를 지닌다. 또한 항상 많은 돈이 필요한 것도 아니다. 핵심은 아이들에게 관심을 기울이고, 격려하고, 기회를 주고, 믿어준다는 것이다. 이러한 지원을 받은 아이들은 어려움을 겪더라도 놀라운 방식으로 이겨내고 멋진 삶을 살아갈 수 있다.

먼저,
자산 마인드를 가져라

Forming an Asset Mindset

우리는 자산이 아이들의 삶을 바꿀 수 있다는 사실을 안다. 여러 차례에 걸친 조사 결과, 내적 외적으로 긍정자산을 충분히 가진 아이들은 그렇지 않은 아이들보다 건강하고 긍정적이며 생산적인 삶을 살아갈 가능성이 훨씬 높았다. 그리고 위험한 행동에 연관될 가능성이 훨씬 낮았다. 아이들의 자산 만들기는 장기적으로 이익이 된다. 그것은 우리가 사회적 위기와 문제들을 해결하기 위해 필요한 시간과 비용을 줄여준다. 그러나 그러려면 먼저 자산 마인드를 가져야 한다.

여러분은 다음과 같은 아프리카 속담을 들어본 적이 있을 것이다. '아이 한 명을 키우려면 온 마을이 필요하다.'

이것은 바꿔 말하면 아이들이 가정, 혹은 학교, 혹은 지역사회,

혹은 종교단체에서 긍정적인 메시지를 받는 것만으로는 충분하지 않다는 것이다. 아이들은 그러한 긍정적인 메시지를 삶의 모든 영역에서 반복해서 들으며 강화해야 한다. 이 책에는 부모와 학교, 지역사회, 사회·종교 단체는 물론 아이들 스스로 자산을 만드는 데 필요한 아이디어가 담겨 있다. 우리 모두는 자산을 만들 수 있는 잠재력을 지니고 있다.

스스로 자산을 만드는 여덟 가지 방법

1. 이 책의 프롤로그를 반복해서 읽어라.

    도표를 통해 위험한 행동을 제어하고 긍정적인 행동을 유도하는 자산의 영향력을 확인하라. 다른 사람들에게 자산 만들기가 아이들에게 얼마나 중요한지 이야기하라.

2. 청소년에 관한 기사를 새로운 관점으로 보아라.

    매체나 온라인에서 성공한 아이들에 관한 이야기를 접할 때 그들이 어떤 자산을 가지고 있는지 살펴보라. 반대로 문제가 있는 아이들에 관한 기사를 접할 때는 그들에게 어떤 자산이 부족한지 살펴보라. 여러분이 속한 지역사회에서 그러한 자산을 어떻게 만들 수 있을까?

3. 여러분이 아는 동료, 교사, 상담 교사, 사회복지사, 종교 지도자, 청소년 지도자와 만나라.

그리고 지역사회를 위해 필요한 것이나 관심사, 해결해야 할 문제가 있는지 물어보라. 아이들을 위한 자산 만들기의 개념을 소개하고 그들의 생각을 들어보라. 활발히 아이디어를 논의하라.

4. 아이들에게 어떻게 접근할 것인지 생각하라.

가정, 학교, 사회단체, 종교단체에서 아이들과 교류할 때, 위기상황에 개입하거나 문제를 예방하는 데 에너지의 대부분을 집중하는가, 아니면 자산을 늘리는 데 에너지의 대부분을 집중하는가? 어떻게 하면 자산 만들기에 좀 더 에너지를 집중할 수 있을까를 고민하라.

5. 지역사회 모임이나 행사에 참여해 사람들과 생각을 공유하라.

여러분이 설명한 것의 실현 가능성에 대해 사람들과 의견을 나누어라. 자산 만들기와 관련해 지역사회의 협력 방안에 대해 브레인스토밍을 하라.

6. 자산 만들기를 위한 다른 사람들의 행동이나 노력을 응원하라.

그들의 행동이 긍정적이고 강력하며, 아이들이 건강하게 자라도록 돕는다는 사실을 깨닫게 하라.

7. 적어도 1주일에 한 번은 자산 40개의 목록을 확인하고, 최소한 매일 한 가지씩 자산 만들기를 위한 행동을 하라.

8. 또는 한 가지 자산을 만드는 일에 전념하라.

여러분에게 중요한 자산 한 가지를 선택하고 그것을 삶의 우선순위로 정하라. 예를 들어 다음과 같은 방식이다. 여러분은 지역사회의 아이들을 위해 멘토가 되어줄 수 있다. 혹은 집에서 아이들과 더 많은 시간을 보내는 데 전념할 수도 있다. 아니면 가족이 참여하는 봉사 프로젝트의 책임을 맡을 수도 있다. 이웃 아이들에게 친절한 사람이 되기로 결심하고, 그들을 그냥 지나치는 대신 관심을 기울이고 이야기를 들어주며 교류할 수도 있다.

누구도 혼자서는 지역사회 전체를 변화시킬 수 없지만, 모두가 힘을 합한다면 중요한 변화를 만들어낼 수 있다.

지역사회의 협력이 중요하다

그동안 우리는 다양한 지역사회의 자산 만들기 과정을 살펴보면서 자산 만들기에 관한 중요한 교훈 몇 가지를 배웠다. 무엇보다 여러분 개개인의 헌신이 아주 중요하다는 사실을 깨달았다. 하지만 어떻게 하면 모두가 협력해 자산을 만들 수 있는지에 관해 사람들이 생각하기 시작하는 것 역시 그 못지않게 중요하다. 어떻게 하면 우리의 이웃과 마을과 도시, 더 나아가 나라 전체가 아이들을 위한 자산 만들기를 가장 중요한 가치로 인식하게 할 수 있을까? 어디에서나 통하는 전략은 없을 것이다. 그러나 지역사회가 그러한 질문을 시작하면 그들의 행동을 결정하는 강력한 원칙을 발견하게 될 것이다.

1. 모든 사람은 각자 맡은 역할이 있다.

아이들의 자산 만들기에 있어 부모, 학교, 지역 단체, 정부가 중요한 역할을 하는 것은 분명하다. 그러나 이들뿐만 아니라 노인과 아이, 미혼과 기혼, 정책 입안자와 시민, 이웃, 고용주, 부유한 가정과 소득이 적은 가정, 진보주의자와 보수주의자 등 모두가 필요하다. 그리고 우리 모두는 아이들과 미래를 위한 공동의 책임이 있다.

2. 자산 만들기는 프로그램이 아닌 사람에 관한 일이다

관계가 핵심이다. 자녀들과 야구를 하는 이웃이나 정류장에서 손자가 안전하게 학교 버스 타는 것을 지켜보는 할머니처럼 프로그램이 있든 없든 좋은 관계는 형성될 수 있다. 프로그램은 아이를 어른과 연결하는 수단이 될 수 있지만 그보다 더 중요한 것은 관계를 통해 자라는 애정과 지원이다. 때로 돈이 도움이 될 수는 있지만, 큰 변화를 가져오는 것은 관심을 기울이는 사람들의 헌신과 참여이다.

3. 자산 만들기는 정체된 자원을 풀려나오게 한다

사람들은 대부분 아이들에게 많은 관심을 기울인다. 다만 그러한 관심을 구체적으로 표현하는 법을 모를 뿐이다. 거의 모든 지역사회가 아이와 가정을 위한 다양한 서비스를 제공하지만, 뚜렷한 방향이 없어 서로 경쟁하고 갈등을 일으키는 경우가 많다. 자산 만들기는 사람과 단체에 에너지와 자원을 집중할 뚜렷하고 긍정적인 초점을 제공해준다.

4. 모든 아이에게 자산 만들기가 필요하다

많은 청소년 프로그램이 '최고의' 아이들이나 '최악의' 아이들, 다시 말해 성적이 우수하거나 위험에 처한 아이들에게 초점을 맞춘다.

이러한 아이들에게 특별한 관심을 쏟아야 하는 것은 사실이다. 하지만 자산 만들기는 모든 아이들에게 도움이 될 수 있다. 지역사회는 이제 소수의 아이들보다 다수의 아이들에게 혜택을 주는 전략을 세우는 일이 얼마나 중요한지를 깨달아가고 있다.

5. 모든 지역사회가 더 나아질 수 있다

서치연구소에서는 수백 개의 지역사회를 조사했다. 그 결과 지역사회는 다 다르지만 지역이나 규모에 상관없이 더 높은 수준의 자산을 가졌을 때 훨씬 더 효율적으로 운영될 수 있다는 사실을 확인했다. 따라서 우리는 어디에 더 많은 문제가 있는지 알아내려고 노력하기보다 서로의 장점을 배워나갈 필요가 있다.

지역사회에서 자산을 만드는 여덟 가지 원칙

1. 지역주민 모두를 참여시켜라.

　아이들의 자산 만들기를 위해서는 지역 차원의 책임이 요구되므로 시작 단계부터 다양한 이해당사자가 참여하는 것이 중요하다. 적극적인 시민과 지도자들의 참여는 훌륭한 균형을 만들어낸다. 많은 지역사회가 청소년과 학부모, 노인을 비롯해 다양한 인종과 민족, 사회경제 집단은 물론 학교, 정부, 법조계, 종교단체, 봉사단체, 기업가, 의료인 등 다양한 분야의 대표로 구성된 팀을 구성하고 있다.

2. 뚜렷하고 긍정적인 비전을 갖는 일부터 시작하라.

　지역사회 차원의 노력은 보통 어떤 위기에서 시작된다. 그러나 눈앞의 위기를 해결하기 위한 노력은 그것을 유지하는 데 필요한 비전과 에너지가 결여된 경우가 많다. 긍정적인 비전은 장기적으로 지역사회에 활기를 불어넣는다. 또한 단체들이 정치적, 이념적 의제를 뒤로하고 아이들의 복지를 위한 공동의 책임에 전념히도록 도울 수 있다.

3. 신뢰할 수 있는 정보를 구축하라.

많은 지역사회가 아이들에 대한 이러한 조사가 창조적이고 지속적인 행동에 기폭제가 될 수 있다는 사실을 발견한다. 분명하고 신뢰할 수 있는 정보는 사람들이 미래를 위한 비전을 세울 때 지역사회의 필요와 현실, 자원을 헤아리는 데 참고할 공통의 관점을 제공한다. 그러한 정보가 없다면 우리는 비전과 의제를 설정하면서 아이들을 위한 지역사회의 필요와 문제와 가능성 등을 제대로 포착하지 못할 가능성이 높다.

4. 새로운 프로그램을 만들고 싶은 유혹에 저항하라.

최근 몇십 년 동안 청소년 문제에 관한 반응은 대체로 프로그램과 관련한 것이었다. 따라서 특정 필요에 대응하는 다른 프로그램을 만드는 일을 피하려면 또 다른 에너지가 필요했다. 자산 만들기에 관한 '비전 전달자'에게 주어진 가장 중요한 과제는 건강한 지역사회에 대한 비전에 활기를 불어넣고, 개인과 기관이 자산 만들기를 그들의 사명이자 책무로 받아들이도록 하는 일이다.

5. 시간을 내어 동기를 부여하고 교육하라.

자산 만들기는 지역사회와 아이들에 관한 새롭고 비전통적인 요소이므로, 모든 사람이 자산 만들기의 체계나 영향을 자연스럽게 이해하기를 기대하지 않는 것이 중요하다. 자산 체계의 여러 특성

을 내면화하지 못한다면 자산 만들기는 '아이들을 친절하게 대하자'
와 같은 피상적인 구호로 끝날 위험이 있다. 핵심 메시지를 반복하
는 것은 더욱 사려 깊고 균형 잡힌 반응을 이끌어내는 토대가 된다.

6. 자산 만들기에 전념하고 성공을 축하하라.

자산 만들기는 임시방편이 아닌 장기적인 비전이다. 하지만 이
제 막 이러한 여정을 시작한 지역사회가 아이들에 대한 새로운 인식
이나 대화의 변화, 공유된 열정처럼 이정표가 될 만한 일들에 주목
하고, 축하하며, 함께 이야기를 나누는 것은 아주 중요하다. 이러한
이야기들은 일에 활력을 불어넣고 다시 전념하게 만들어준다.

7. 지역사회의 혁신을 기꺼이 반겨라.

일단 자산 만들기에 관한 비전을 갖게 되면 사람들은 자산을 늘
리는 방법을 찾는 데 놀라운 정도의 창의력을 발휘한다. 이러한 혁
신을 격려하는 것이야말로 낡은 방식을 벗고, 아이들을 위한 지역사
회 재건을 향한 새로운 접근법을 발견하는 데 있어 중요하다.

이러한 풀뿌리 혁신의 한 예가 미국의 메인 주에서 일어나고 있
다. 폭행을 제외하고 처음 범죄를 저지른 청소년을 대상으로 법적
인 처벌 대신 건강하게 자라는 데 필요한 것들을 배우게 하다 '점프
스타트Jump Start'라고 불리는 이 프로그램에서 아이들은 자원봉사자
멘토와 6주간 짝을 이뤄 활동하며, 이 프로그램 수료 후에도 동문회

에 가입하여 여기서 배운 긍정적인 메시지를 계속 이어나간다.

8. 다른 지역사회와 네트워크를 형성하라.

많은 지역사회에서 자산 만들기와 관련한 정책을 시도해왔지만 아직까지 어떤 지역사회도 모든 문제를 해결하지는 못하고 있다. 일이 어떻게 진행될지 아무도 정확히 예측할 수 없기 때문이다. 그런데도 지역사회들은 날마다 새로운 것을 시도하고 있다. 다른 지역사회와 네트워크를 형성하고 아이디어를 나눠야 한다. 도전을 기꺼이 받아들이고, 비전을 현실로 만드는 데 있어 어떤 노력이 효과가 있고, 또 어떤 노력이 효과가 없는지 계속해서 배워야 한다.

강력한 자산을 가진 지역사회들

점점 더 많은 지역사회에서 자산 만들기를 시작함에 따라 각 지역사회는 주민의 개성과 우선순위를 반영하면서 나름의 독자성을 유지하게 하는 것이다. 그런데도 자산을 축적하는 모든 지역사회가 갖는 공통점이 있는데, 그것은 다음과 같다.

ㅇ 부모들은 가정을 든든히 받쳐주고 자산 만들기에 관한 기술을 가르쳐주는 부모 교육과 지원을 받게 될 것이다.

- 청소년 프로그램은 모든 청소년이 긍정적이고 건설적인 활동에 참여할 수 있도록 노력을 기울일 것이다.
- 지역사회는 아이들에게 무엇이 중요한지, 다시 말해 다음 세대에 전하고 싶은 긍정적인 가치와 규범에 관해 여론조사를 할 것이다.
- 청소년들이 지역사회의 지도자와 공헌자로 인식될 것이다.
- 아이들은 나이에 상관없이 모든 사람과 정기적으로 교류하게 될 것이다.
- 청소년 고용자와 교사, 코치들이 자산 만들기에 관한 교육을 받게 될 것이다.
- 학교는 교과 과정뿐만 아니라 학교 분위기에도 많은 관심을 기울일 것이다.
- 정부, 기업, 학교, 가정, 종교단체 등이 아이들을 위해 힘을 모으게 될 것이다.

이것은 자산 만들기가 가져다주는 혜택 가운데 일부일 뿐이다. 더 많은 지역사회가 강력한 자산을 가질수록 수많은 다른 혜택이 발생하게 될 것이다. 아이들이 건강하게 자라도록 돕는 일은 강력하며 전파력이 강하다. 그리고 더 많은 사람들이 같은 비전을 품고 자산 만들기 팀에 합류한다면 아이들뿐만 아니라 우리 모두의 미래를 더욱 밝아질 것이다.

부록

10대들에게

너만의 자산을
만들어라
Tips for Teens Build Your Own Assets

: 자산 01 :
가족의 지원

**가족은 사랑과 지원을 보내는 사람들이며
가정은 편안한 장소이다.**

가정이 따뜻하고 사랑이 넘치며 지원을 아끼지 않는 재미난 곳이기를 바란다면 그렇게 되기 위해 여러분이 할 수 있는 일을 하라. 비난 대신 친절한 말을 하고, 놀리는 대신 지원을 보내며 '나'가 아닌 '우리'를 생각하라. 가족에게 애정과 관심을 표현하고 가족이 대화를 원하면 진지하게 귀를 기울여라. 자신이 대접받고 싶은 대로 가족을 대접하라. 이러한 방법들은 단순하지만 큰 변화를 가져올 수 있는 아이디어이다.

: 자산 02 :
가족 간의 긍정적인 대화

**부모에게서 조언과 지원을 받고,
진지한 주제에 관해 깊은 대화를 나눌 수 있다.**

부모에게 조언과 지원을 요청하면 지루한 설교를 들을 것 같은가? 부모들은 대부분 자녀에게 조언을 하고 싶은 충동을 억누르고 있다. 그럴 때 여러분에게 진짜 필요한 것은 스스로 문제를 정리하는 동안 이야기를 들어주고 지켜보는 것이라는 사실을 알려라. 아니면 다음과 같은 타협안을 제안해보라. 여러분이 먼저 말하고 부모는 듣기만

한다. 10분 뒤(또는 한 시간 뒤나 하루 뒤) 이번에는 부모가 말하고 여러분은 듣기만 한다.

또 여러분이 흥미를 느낄 만한 이런 방법도 있다. 부모가 정말 잘하는 일을 찾아 그것에 초점을 맞추는 것이다. 예를 들어 엄마가 수학을 정말 잘한다면 수학 기말시험에 대한 고민을 엄마에게 털어놓는다. 아빠가 글쓰기를 좋아한다면 학교 신문에 실을 기사에 관해 조언을 구한다.

부모에게 진지한 문제를 말할 수 없다고 느낀다면, 그것은 부모가 여러분을 어린애 취급 하기 때문일 가능성이 높다. 부모들은 종종 자녀가 성장해 자기만의 신념과 의견을 가진다는 사실을 받아들이기 어려워한다. 여러분이 편하게 이야기할 수 있는, 다시 말해 여러분의 의견을 존중해주고 어른으로 대해주는 다른 어른이 있다면 부모와 함께하는 자리를 마련하라. 그러면 부모는 그 사람의 시각에서 여러분을 바라보게 될 것이다.

부모와 자녀가 의견이 다른 것은 자연스러운 일이다. 그러니 침착한 태도로 목소리를 높이지 않게 주의하라. 여러분이 부모에게 오히려 좋은 본보기가 될 수 있다. 부모와 아이는 서로를 비추는 거울과도 같다.

: 자산 03 :

다른 어른들과의 관계

**부모 외에 조언과 지원을 받고 진지한 주제에 관해
깊은 대화를 나눌 수 있는 어른이 세 명 이상 있다.**

부모 외에 대화를 나눌 수 있는 어른이 없다면 학교, 교회, 스카우트 단체, 가까운 공원, 지역 문화센터처럼 평소에 자주 가는 장소부터 찾아보라. 청소년과 있는 것을 좋아하는 어른을 찾을 수 있을 것이다. 아니면 근처에 청소년 클리닉이 있는지 찾아보라. 대다수 클리닉은 의학적 조언뿐만 아니라 상담도 해준다.

   어른들이 후원하는 그룹이나 단체, 팀에 가입하고 이웃들을 만나라. 학교 상담교사와 이야기하고, 좋아하는 고모나 삼촌에게 마음을 터놓고 대화하며, 친구들의 부모들과 친해져라. 지역사회나 종교 단체, 청소년 프로그램에서 만나는 멘토와 관계를 형성하라. 마음만 먹는다면 대화를 나눌 어른을 얼마든지 찾을 수 있을 것이다.

: 자산 04 :

관심을 기울이는 이웃

**이웃은 여러분을 지원하고 격려하며
여러분에게 관심을 기울인다.**

여러분은 관심을 기울이는 이웃을 만들기 위해 많은 일을 할 수 있다. 또래 친구들뿐만 아니라 어른들에게 먼저 다가가라. 어린아이들에게도 인사를 건네고, 그들과 친구가 되어 이야기를 나누며 좋은 본보기가 되어라.

이웃과 가깝게 지내라. 길에서 만나면 웃으며 인사하고, 가능하면 잠깐이라도 이야기를 나눠라. 이웃이 무거운 장바구니를 들었거나 문을 열거나 유모차를 끌고 계단을 오를 때 등 여러분이 도울 일이 있다면 기꺼이 도와라. 그리고 간단한 요리를 하는 법이나 막힌 화장실 변기 고치는 방법처럼 뭔가를 가르쳐달라고 요청하라. 주민 파티나 사교모임 같은 동네 행사에도 참여하라.

많은 사람이 이웃에 사는 어린이나 10대 아이들을 잘 모른다. 그럴 때 이웃 사람들과 지역 행사에 관한 기본적인 정보를 담은 소식지를 발행해보라. 그들을 아이들에게 좀 더 친절한 이웃으로 변화시킬 수 있다. 조금 어린 아이들에게는 정보 수집을, 10대 청소년에게는 소식지 만드는 일을, 아이들에게는 각 가정에 배달하는 일을 돕게 하라. 같은 건물이나 이웃에 사는 사람들의 이름을 반드시 기억하라.

어른 중에는 떼 지어 다니는 아이들, 특히 10대 아이들을 위협적으로 여긴다는 사실을 명심하라. 친구들과 길을 걷다가 아는 이웃을 만나면 걸음을 멈추고 인사하라. 길을 막고 서서 그가 돌아가게 하지 말고 한쪽으로 비켜서서 편안히 지나갈 수 있게 하라.

: 자산 05 :
관심을 기울이는 학교 분위기
**학교에서 관심과 격려와 지원을
받는다고 느낀다.**

여러분이 학교 활동에 적극적으로 참여할 때, 밖에서 관찰하는 것보다 더 많은 관심과 지원을 받는다고 느끼기 마련이다. 팀을 구성하고, 학생회를 운영하고, 동호회에 가입하고, 학교 신문에 글을 쓰고, 봉사 단체에 가입하거나 바로 활동을 시작하라. 생각보다 학교 활동에 참여할 기회가 많을 것이다. 어떤 활동들이 있는지 잘 모르면 교사에게 문의하라.

다른 학생들을 위해 여러분이 할 수 있는 일을 하라. 그들 스스로 관심과 지원을 받는다고 느낄 수 있게 도와라. 소외되거나 외로워 보이는 아이들, 혹은 어떤 무리나 단체에도 속하지 않은 아이들에게 먼저 다가가라. 체육 시간에 팀원을 선발하거나 방과 후 스포츠 활동을 할 때 아무렇게나 친구를 선택하지 마라.

어떤 종류의 집단 괴롭힘도 방관하지 않겠다는 것을 분명히 하고, 괴롭힘을 당하는 아이들의 편에 서라. 학교 재산을 소중히 여기고 다른 학생들도 그렇게 하도록 하라. 부모를 설득해 학교 자원봉사를 하게 하라. 학부모들이 적극적으로 참여할수록 학교는 학생들에게 더 많은 관심을 쏟게 된다.

: 자산 06 :
부모의 학교 교육 참여
**부모는 여러분이 학교생활을 잘하도록
적극적으로 돕는다.**

부모에게 학교에서 있었던 일을 이야기하라. 하루가 어땠으며, 어떤 일에 성공하고 어떤 일에 실패했는지 말하고, 재미있는 이야기를 들려줘라. 학교 프로젝트나 어려운 과제에 대해 도움을 요청하라.

교사가 보내는 통신문이나 일정표, 공지 등을 반드시 부모에게 전달하라. 가족 일정표에 중요한 학교 행사들을 표시하고, 특별한 행사는 며칠 전에 부모에게 한 번 더 상기시켜라. 여러분은 그들이 학교 교육에 적극적으로 참여하기를 바란다는 사실을 부모가 알게 하라. 부모들은 피치 못할 상황이 아니라면 자식이 요청하는 일에 대해서는 가장 우선으로 여긴다.

: 자산 07 :
청소년을 소중히 여기는 지역사회
**지역사회가 청소년들을 인정하고
소중히 여긴다고 느낀다.**

지역사회의 구성원으로서 여러분의 경험을 떠올려보라. 여러분은 자신이 소중히 여겨진다고 생각하는가? 아니면 무시된다고 생각하는가? 인정받거나 혹은 조롱받는다고 생각하는가? 있으나 마나 한 사람처럼 여겨지는가? 반대로 자기 존재감을 확실히 느끼는가? 왜 그렇게 생각하는가? 지역사회에 여러분을 가치 있게, 혹은 무가치하게 여겨지게 하는 사람들이 있는가? 지역사회에서 청소년에 대한 인식과 처우를 개선하기 위해 여러분이 할 수 있는 일은 무엇인가?

여러분은 여러분이 지역사회를 소중히 여긴다는 사실을 보여줌으로써 그 일을 시작할 수 있다. 예를 들어 지역 사업에 참여하라. 청소년을 부정적으로 보는 어른을 만나면 그들의 시각에 의문을 제기하라. 지역사회를 더 좋은 곳으로 만들기 위해 적극적으로 나서는 아이들의 예를 들려줘라. 자신이 그 일을 했다면 자랑스럽게 들려주고, 자신의 이야기를 하는 것이 쑥스럽다면 친구들의 예를 이야기하라.

우리는 가끔 다른 사람들이 우리를 얼마나 소중히 여기는지 깨닫지 못할 때가 있다. 그럴 때는 여러분이 아는 네 명의 어른(부모, 친척, 이웃, 교사나 코치)을 찾아가 여러분에 대해 어떻게 생각하는지 물어보라. 그들은 여러분을 지역사회의 중요한 구성원으로 생각하는가? 그렇다면 그 이유는 무엇인가? 어쩌면 그들의 대답에 놀라게 될지도 모른다. 여러분이 생각했던 것보다 훨씬 큰 자신에 대한 가치를 발견할지도 모른다.

: 자산 08 :

자원으로서의 청소년

**청소년은 지역사회에서
유용한 역할을 담당하고 의미 있는 일을 한다.**

지역사회에 여러분이 그동안 받은 것을 되돌려줄 기회를 찾아보라. 여러분은 어디서 공헌할 수 있는가? 여러분은 어디서 사람들을 이끌 수 있는가? 학교 동아리나 청소년 단체의 관리자가 될 수 있는가? 학생회를 운영할 수 있는가? 여러분이 사는 시군구 의회는 청소년들의 참여를 환영하는가?(아직 아니라면 그렇게 하도록 권유할 수 있다.)

유용한 역할이 주어지기만을 기다리지 말고 직접 그러한 역할을 만들어내라. 적극적으로 행동하고 목소리를 높이며 정보를 파악하라. 관심 있는 사안에 대해 지역 신문사의 편집자에게 편지를 보내라. 지역 법령이나 법규에 대해 청원(또는 반대) 운동을 벌여라. 아동 권리, 노숙자, 교내 집단 따돌림, 가정폭력, 노인, 의료 등 관심 있는 주제를 가지고 강연을 하라. 다른 사람들을 가르치거나 나눌 수 있는 기술을 고민하라. 컴퓨터, 고양이, 깨끗한 물, 자원 재활용 등 여러분이 중요하게 생각하는 주제에 관해 전문 지식을 갖추고 다른 사람을 교육하라. 학교나 시군 선거에 나서는 특정 후보를 위해 선거 운동을 하라. 그곳은 여러분의 지역사회이기도 하므로 여러분은 그 일에 중요한 역할을 하고 적극적으로 나설 권리가 있다.

다른 친구들도 여러분의 활동에 동참하게 해서 필요한 역할을 맡겨라. 가령 여러분이 선거운동을 한다면 그들은 전단 돌리는 일을 도울 수 있다. 어린아이들은 현명한 형이나 언니가 그들을 진지하게 받아들이고 도움을 요청하면 무척 좋아한다.

: 자산 09 :
다른 사람을 위한 봉사
**1주일에 1시간 이상
지역사회를 위해 봉사한다.**

지역사회 봉사는 사람들을 만나고 인생의 새로운 의미를 발견하는 데 매우 효과적인 방법이다. 봉사할 수 있는 일은 무수히 많다. 여러분의 친구나 이웃, 노숙자, 노인, 동물, 환경, 학교, 종교단체, 청소년 단체 등을 떠올려보라. 어디서 봉사를 하고 싶은지 정한 다음 필요한 것은 무엇이고 어떻게 하면 가장 효과적으로 봉사할 수 있는지 방법을 알아보라. 1주일에 1시간을 내는 일은 어렵지 않다. 인터넷을 하거나 TV를 보고 길에서 어슬렁대는 시간만 해도 그보다는 많을 것이다.

봉사가 얼마나 보람 있는 일인지 알고는 싶지만 직접 해볼 엄두가 나지 않는다면 이렇게 해보라. 다른 사람을 위해 '비밀 봉사'를 해보는 것이다. 형 대신 쓰레기통을 비워보라. 친구의 사물함에 과자를 넣어두거나 이웃집 현관에 화분을 놓아두라. 또는 지역사회 봉사에 열심인 사람들과 대화를 해보라. 그들이 지역사회에 주는 것은 무엇이며, 그들이 돌려받는 것은 무엇인지 물어보라.

어디서 봉사활동을 해야 할지 모르겠다면 인터넷이나 전화번호부를 검색해 근처에 다음 단체들의 지부가 있는지 확인해보라. 대다수 단체가 청소년들의 봉사 참여를 환영한다.

- 유니세프 한국위원회 The Korean Committee for Unicef
- 국제청소년교류연맹 International Youth Exchange Association
- 국제청소년연합 International Youth Fellowship
- RCY(청소년적십자) Red Cross Youth
- 서울특별시립 청소년활동진흥센터 Youth Service Center
- 청소년 지도자연합회 Korea Youth Leaders Association
- 두볼넷(청소년자원봉사) dovol.net
- 한국청소년연맹 Korea Youth Association
- 한국걸스카우트연맹 Girl Scouts Korea
- 한국스카우트연맹 Korea Scouts Association
- 한국해양소년단연맹 Sea Explorers of Korea
- 한국과학우주청소년단 Young Astronauts Korea
- 한국YMCA전국연맹 Korea YMCA
- 한국YWCA연합회 Young Women Cristian Association

: 자산 10 :

안전

**가정과 학교, 동네에서
안전하다고 느낀다.**

가정과 이웃, 공원, 학교, 그 밖에 여러분이 가는 곳이 어디든 그곳에서 두려움과 불안을 느낀다면 그 사실을 부모에게 알려라. 여러분에게 불안과 걱정을 가져왔던 일에 대해 자세히 설명하라. 부모나 교사, 종교 지도자 등 여러분이 신뢰하는 어른들에게 도움을 요청하라. 두려움 속에 살면 건전한 위험을 감수하고, 새로운 일을 시도하며, 긍정적인 공헌을 할 가능성이 낮다. 학교생활 역시 성공적으로 해내지 못할 것이다. 만약 학교가 안전하게 느껴지지 않는다면 부모를 설득해 직접 자원봉사를 하면서 학교 분위기를 파악하게 하라. 그런 다음 학교 환경에 대한 개선 방안을 논의해보라.

이웃과 지역사회, 학교를 모든 사람에게 더 안전한 곳으로 만들기 위해 여러분이 할 수 있는 일을 하라. 단체를 만들거나 가입해 자유롭게 아이디어를 교환하고, 그 아이디어를 실현하기 위해 적극적으로 노력하라.

여러분은 화재 예방이나 자전거 안전, 응급구조 서비스 등에 관해 사람들을 교육할 수도 있다. 학교나 지역사회에 안전박람회의 개최를 제안하거나 시장에게 '안전 주간'을 선포하라고 요청하라. 여러분이 안전을 위해 노력할 때 여러분을 비롯한 모든 사람이 혜택을 얻을 수 있다.

자산 11

가족의 경계

**부모는 자녀의 행동에 분명한 규칙과 책임을 설정하고,
자녀의 행방을 파악한다.**

경계, 규칙, 기대……. 누구에게 이러한 것들이 필요할까? 사실 우리 모두에게 필요한 것이다. 이러한 것들이 없다면 세상은 혼돈에 빠지게 될 것이다. 경계는 우리를 훌륭한 결정을 하도록 이끌고, 일상적인 삶의 틀을 제공해준다. 그러니 경계를 부정적이기보다 긍정적으로 보려고 노력해야 한다.

가족의 경계에 관해 부모와 대화를 나눠라. 여러분은 가족의 경계를 받아들이고 존중하며 잘 따르는가? 그렇다면 그 이유는 무엇이고, 아니라면 그 이유는 무엇인가? 그것은 합리적인가, 혹은 완전히 부당한가? 부모에게 여러분의 생각과 이유를 이야기하라. 부모의 입장에 서보고 그들의 생각을 존중하라. 여러분이 대안이나 타협안을 제시하면 부모는 그 의견에 따를지도 모른다. 하지만 만일 규칙을 어겼다면 책임을 져야 한다. 그러한 행동은 부모에게 깊은 인상을 남길 것이다.

만약 부모가 '어디에 가느냐? 누구와 뭘 하러 가느냐? 얼마나 오래 있을 거냐?' 등의 질문으로 여러분을 괴롭힌다면, 부모가 묻기 전에 먼저 사실대로 말하라.

이때 질문 형식으로 말하는 것이 좋다. 예를 들어 "모건과 8시에 시작하는 영화를 보고 식사를 한 다음 자정까지 돌아올게요"라고 말

하는 대신 "모건과 8시에 시작하는 영화를 보고 식사를 한 다음 자정까지는 돌아올 생각인데 그래도 되나요?"라고 말하라. 부모는 아마 흔쾌히 허락할 것이다. 이러한 방식은 부모와 여러분 모두에게 도움이 된다. 부모는 자녀에게 관대하게 대했다고 느낄 수 있고 여러분은 친구와 즐거운 시간을 보낼 수 있다.

: 자산 12 :
학교의 경계
**학교는 학생들의 행동에
분명한 규칙과 책임을 설정한다.**

여러분은 경계가 분명하고 존중되는 학교, 다시 말해 학생들이 자유롭게 공부할 수 있는 학교에 다닐 권리가 있다. 만약 여러분의 학교가 그렇지 못하다면 문제 해결을 위해 노력해야 한다.

먼저 생각이 같은 친구들과 학생위원회를 구성하라. 목표가 그저 규칙을 더 만드는 것이 아님을 강조하라. 그보다는 모두에게 이로우며 더 효율적이고 효과적인 규칙을 정하는 것이다. 교사나 코치, 상담교사 등 기꺼이 여러분에게 도움을 줄 어른 후원자를 찾아라. 브레인스토밍을 통해 학교와 관련된 문제 목록을 작성하라. 따돌림, 부정행위, 절도, 싸움, 흉기 소지, 약물 사용, 성희롱, 인종 차별, 결석, 어슬렁거리는 학생들, 욕설 등이 문제 목록에 해당할 것이다. 분야별로 공정하고 분명한 경계에 관해, 그리고 위반했을 때 지게 될 합리적인 책임에 관해 브레인스토밍을 하라.

경계 목록을 수정하고 학교의 행동 강령으로 요약한 다음 그것을 교장에게 제출하고 의견을 구하라. 함께 최종 수정 작업을 하라. 분명하고 간결하게, 가능하면 한 장을 넘지 않게 작성하는 것을 잊지 마라. 이 내용을 각 가정에 보내고 학교에도 게시하라. 교장의 동의를 얻어 학교 웹사이트에도 올려라.

학교에서 학생 가이드북을 발행한다면 그것으로 일을 시작할 수도 있다. 학생 가이드북이 너무 길거나 지루하고 오래되었는가? 학교 문제를 빠짐없이 다루고 있는가, 아니면 개선의 여지가 있는가? 학생위원회가 학생 가이드북 개정 작업을 맡아서 진행할 수도 있다.

: 자산 13 :
이웃의 경계

**이웃은 여러분의 행동을
감독할 책임이 있다.**

서로를 잘 알고 배려하는 이웃을 상상해보라. 다음으로 낯선 이웃을 상상해보라. 어느 쪽이 더 따뜻하고 친절하게 느껴지는가? 어느 쪽이 더 안전하게 느껴지는가? 어느 쪽과 이웃으로 지내고 싶은가?

여러분은 서로 보살펴주는 이웃을 만드는 데 도움을 줄 수 있다. 그러려면 가까이 사는 사람들을 아는 것에서 출발하라. 호감을 보이는 사람들부터 친해지는 것이 좋다. 인사를 건네고 자신을 소개하

라. 그리고 다음에 다시 만나면 짧게 대화를 시도해보라. 언제부터 이곳에 살게 되었으며 동네의 장점은 무엇인지 물어보라. 그들도 여러분에게 몇 가지 질문을 하고, 그러다보면 어느새 자연스럽게 대화를 하게 될 것이다. 부모에게도 이웃을 만나보라고 권하라.

이웃의 아이들과도 어울려라. 이웃이 안전이나 소음, 기타 문제에 관해 기준을 만드는 일을 도와라. 어른을 존경하고 어린이를 보살펴라.

: 자산 14 :
역할 모델이 되는 어른들
**부모를 비롯해 어른들은
긍정적이고 책임감 있는 행동으로 모범을 보인다.**

여러분의 인생에 역할 모델이 되어주는 어른은 누구인가? 여러분이 존경하는 어른 세 명을 떠올려보라. 가족(부모, 형제자매, 고모, 삼촌, 조부모, 사촌), 지역 사람들(교사, 코치, 이웃, 가까운 가족들, 청소년 단체 지도자), 국내외 유명한 인물(지도자, 명사, 작가, 역사적 인물, 뉴스에 나오는 사람들)을 모두 포함하라. 그런 다음 그들이 왜 여러분의 역할 모델인지 생각해보라. 여러분은 왜 그들을 존경하는가? 그들이 가진 특별한 자질은 무엇인가? 여러분은 그러한 자질을 가지고 있는가? 아니면 언젠가는 갖고 싶은가? 그러한 자질을 계발하거나 강화하려면 어떻게 해야 하는가?

여러분이 알거나 존경하는 어른들에게, 그들에게 감동을 주고 긍정적인 영향을 미친 사람들에 관해 이야기해달라고 부탁하라. 그들이 가까이 산다면, 여러분은 그들에 관해 더 많은 것을 알거나 심지어 만나보고 싶어질 수도 있다.

역할 모델을 신중히 선택하라. 아마 음악가나 운동선수, 배우처럼 유명 인사를 선택하기가 쉬울 것이다. 그들이 TV, 인터넷, 라디오, 잡지, 광고 등 어디에나 있는 것처럼 보이기 때문이다. 그러나 좋아하기로 마음먹기에 앞서 그들에 관해 더 많은 것을 알아보라. 어쩌면 여러분이 아는 사람 중에 이미 최고의 역할 모델이 있다는 사실을 깨닫게 될지도 모른다.

: 자산 15 :
또래의 긍정적인 영향
**친구들은 책임감이 있고 위험한 행동을 멀리하며
여러분에게 긍정적인 영향을 미친다.**

여러분이 가장 많은 시간을 함께 하고 가장 많은 영향을 받는 친구 서너 명을 생각해보라. 그들은 여러분을 성공하게 하는가, 아니면 실패하게 하는가? 친구들은, 심지어 나쁜 선택을 하기 쉬운 상황에서도 좋은 선택을 하도록 격려하는가? 이 질문에 대답할 수 있는 사람은 오직 여러분뿐이다.

부모의 생각이나 다른 사람들이 하는 말은 잊어라. 친구들을 떠올리면 어떤 생각이 드는가? 행복한 생각이 들지 않는다면 새로운 친구들을 사귈 수 있는 장소가 있다. 믿을 수 있는 어른(부모, 교사, 청소년 단체 지도자)에게 그런 곳을 알려달라고 요청하라.

여러분도 친구들에게 긍정적인 영향을 미칠 수 있다. 친구들이 어리석은 위험을 감수하거나 부정적인 방식으로 행동하려고 할 때 함께 하지 마라. 또래 도우미가 되어 자신과 친구들의 자산을 만들어나가는 일에 나서라.

: 자산 16 :

높은 기대

**부모와 교사는
여러분이 잘하도록 격려한다.**

부모에게 여러분의 꿈과 희망을 이야기하고, 교사에게 여러분이 이루고 싶은 목표를 이야기하라. 그리고 지원을 요청하라. 부모와 교사들은 여러분의 성장에 더 많은 관심을 기울이고, 여러분에게 더 높은 기대를 하게 될 것이다.

높은 기대를 받으면 사람은 누구나 자신이 가진 최고의 능력을 발휘하는 경향이 있다. 우리가 알거나 우리에게 소중한 사람이 우리가 잘하기를 바랄 때, 더욱 노력하게 된다. 높은 기내는 우리의 자존심을 높여준다. 그래서 자신을 더 유능하게 느끼고 기꺼이 긍정적인 위험을 감수하게 한다. 실수에 대한 두려움도 덜 느낀다.

부모나 교사의 기대가 낮다고 느껴진다면 믿을 만한 어른에게 이야기하라. 그는 청소년 지도자나 이웃, 상담교사, 친척이 될 수도 있다. 그에게 조언과 통찰을 구하라. 어쩌면 그는 여러분의 부모나 교사에게 여러분이 얼마나 재능이 뛰어난 사람이며, 여러분에게 왜 높은 기대를 해야 하는지 알려주겠다고 할 수도 있다.

여러분은 또한 스스로에게 높은 기대를 할 수 있다. 누구에게도 격려받지 못하고 심지어 끔찍한 고난과 좌절을 겪었던 많은 이들이 인생에서 성공을 거두었다.

노트에 희망적이고 감동적인 인용문이나 격언을 적어라. 규칙적으로 기록을 추가하고, 기분이 우울하거나 자신에 대한 회의가 들 때마다 참조하라.

: 자산 17 :
창조적인 활동
**1주일에 3시간 이상 음악과 연극을 비롯한
예술 수업을 받거나 연습을 한다.**

어떤 예술이든 예술 활동에 참여하는 것은 창의력을 계발하고, 새로운 친구를 사귀고, 새로운 기술에 숙달하고, 두뇌의 힘을 기르고, 자존감을 높이는 데 매우 효과적인 방법이다. 게다가 그러한 활동은 도전적이고 기분을 북돋아주며 보람 있고 재미있기까지 하다. 예술을 누리는 것은 기분 좋은 일이며, 직접 예술을 하는 것은 그보다 더 기분 좋은 일이다.

학교에 수업이나 동아리, 방과 후 프로그램에 음악이나 다른 예술 활동이 포함되어 있다면 여러분은 운이 좋은 것이다. 이러한 기회를 잘 활용하라. 첼로를 배우고 싶지만 악기를 살 여유가 없다면 선생님과 상의하라. 음악 프로그램을 운영하는 학교들은 대부분 유료나 무료로 악기를 대여해준다. 혹시 그것이 불가능하다면 지역사회 단체에 기증을 요청해보라. 지역 신문에 학교에서 악기나 미술용품, 연극 동아리를 위한 조명 시설, 댄스 동아리를 위한 음향 시설 등 필요한 어떤 물품이든 기증을 원한다는 기사를 써달라고 요청하라.

지역사회의 교육, 예술 단체에도 지원해줄 수 있는 게 있는지 알아보라. 글씨, 사진, 회화, 탭댄스, 성악, 바이올린을 무료나 아주 적은 비용으로 배울 수 있을 것이다. 부모의 친구 중에 예술에 재능 있는 사람이 있는가? 그렇다면 그 사람한테서 배울 수도 있을 것이다.

부모가 교습 비용을 내주겠다고 하면, 여러분의 꿈이 부모가 여러분에게 바라는 꿈과 다르지 않은 한 제안을 받아들여라. 예를 들어 여러분은 재즈 트럼펫을 연주하고 싶은데 부모는 여러분이 클래식 피아노를 연주하기를 바랄 수 있다. 그렇다면 부모와 여러분의 꿈에 관해 이야기하고 도움과 지원을 요청하라. 아니면 이번 해에는 트럼펫을 배우고 다음 해에는 피아노를 배우는 식으로 타협안을 제시할 수도 있다.

여러분이 즐겁고 감사하게 그 일을 하는 것이 중요하지 훌륭한 연주자(또는 화가나 작가)가 되는 건 별로 중요하지 않다는 사실을 명심하라.

: 자산 18 :

청소년 프로그램

**1주일에 3시간 이상 학교와 지역사회의 스포츠 팀이나
동아리, 기타 단체에서 활동한다.**

학교에서 제공하는 어떤 팀이나 동아리나 단체에도 흥미가 없다면 모두 살펴본 게 맞는지 다시 한 번 확인하라. 아마 관심을 끄는 단체를 발견할 수 있을 것이다. 아니면 새로운 단체를 만드는 것을 생각해볼 수 있다. 5~10명 정도 관심사가 비슷한 학생들을 모아 만들고 싶은 단체에 관해 의견을 나눠보라. 일단 목표가 정해지면 세부적인 계획을 세운 뒤 믿을 만한 교사에게 후원자가 되어달라고 요청하라. 그들도 여러분의 요청을 흔쾌히 받아들일 것이다.

　학교 밖에서도 활동할 만한 단체가 있는지 찾아보라. 여러분 또래의 아이들을 위해 지역의 문화센터나 예술 단체, 종교단체가 어떤 지원을 하는지 알아보라. 시민 단체도 살펴보라. 청소년을 환영하는 성인 단체는 물론 청소년을 위한 여러 단체를 발견하게 될 것이다. 관심을 끄는 단체가 없다면 게시판에 그러한 메시지를 남겨라. 여러분과 비슷한 관심을 가진 사람들을 찾을 수 있을 것이고, 그들과 함께 이제 무슨 일을 할지 결정할 수 있을 것이다.

: 자산 19 :
종교단체
**1주일에 1시간 이상
예배를 올리거나 종교단체 활동에 참여한다.**

종교단체는 여러분의 삶을 지원하고 격려하며 긍정해주는 원천이 될 수 있다. 같은 종교적 신념을 가진 사람들이 모인 종교단체는 대화할 어른을 찾는 이상적인 장소가 될 것이다. '자산 3 다른 어른들과의 관계'를 만들어가기에도 좋은 장소이다.

많은 아이들이 청소년기에 종교단체 활동을 그만둔다. 조직화한 종교는 더 이상 그들의 삶과 무관한 것처럼 보인다. 부모는 자녀가 계속 예배에 참석하기를 바랄지 모르지만 결국에는 자녀를 설득할 수 없다는 사실을 깨닫게 된다. 종교단체가 청소년의 관심 밖으로 밀려난 것 같다는 생각이 든다고 해서 종교 활동을 그만두지 마라. 오히려 목소리를 높여라. 청소년 프로그램 지도자들과 대화하고 아이디어를 내고 힘을 보태라. 청소년들이 의견과 요구를 말할 수 있도록 원탁회의를 제안하라.

종교단체가 여러분에게 뭔가를 해줄 것이라 기대하지 마라. 여러분은 종교단체를 위해 어떤 일을 할 수 있는가? 예를 들어 종교단체가 한 달에 한 번 청소년을 위한 예배를 하기를 원하면 여러분이 힘을 보탤 수 있다. 여러분이 더 적극적으로 행동할수록 더 의미 있는 경험을 하게 될 것이고, 반대로 소극적으로 행동할수록 종교 활동을 그만둘 가능성이 높다.

부모가 종교 활동을 하지 않는다고 해서 여러분도 그래야 하는 것은 아니다. 친구의 종교단체에 가입하거나 가까운 곳에 있는 종교단체를 찾아갈 수도 있다. 청소년 프로그램 운영자들에게 도움을 요청하는 것도 방법이다.

만약 부모가 다니는 종교단체에 같이 가자고 하는데 그 종교단체가 자신에게 맞지 않는다면 어떻게 해야 할까? 부모를 설득해야 한다. 그러면 부모는 여러분의 영적 필요에 알맞은 종교단체를 찾도록 도와주겠다고 할지도 모른다.

: 자산 20 :

가정에서 보내는 시간

**'특별히 하는 일 없이' 밤에 친구들과 어울리는
횟수는 1주일에 두 번 이하이다.**

부모가 여러분이 집 밖에서 보내는 시간에 아무런 제한을 두지 않는다면 스스로 제한하도록 하라. 학교 과제와 가정에 좀 더 집중하고, 삶에 긍정적인 변화가 있는지 살펴보라.

일하는 청소년들에게 가정에서 보내는 시간은 일하며 보내는 시간보다 덜 중요하게 느껴질 수 있다. 하지만 이 점을 생각해보라. 펜실베이니아 대학이 고등학생 1,800명을 대상으로 조사한 결과, 1주일에 15시간 이상 일하는 학생은 그보다 적게 일하는 학생보다 더 많은 문제를 겪는 것으로 나타났다. 그들은 과제에 더 불성실하고 성적이 나쁠 뿐만 아니라 학업 성취도 평가에서도 낮은 점수를 받았다.

어쩌면 여러분에게는 선택권이 없을지도 모른다. 여러분은 가족을 돌보기 위해 1주일에 15시간 이상 일해야 할지도 모른다. 그렇다면 주어진 상황에서 최대한 노력해볼 수밖에 없다. 하지만 선택권이 있다면 일하는 시간을 줄이도록 하라.

: 자산 21 :
성취 동기
**학교생활을 잘할 수 있도록
격려받는다.**

가끔 학교에 가는 것이 시간 낭비처럼 여겨지는가? 그렇다면 할 수 있는 일이 있다. 자신의 교육에 스스로 책임자가 되는 것이다. 스스로 학습 목표를 세우고, 수업 시간에 질문하고, 교사나 상담교사 같은 협력자를 찾는다.

학교에 대한 친구들의 태도를 주의 깊게 살펴라. 여러분이 학교를 싫어하는 친구들과 많은 시간을 보내고, 한 학년 올라가기 위해 필요한 최소한의 노력만 하고 있다면 친구를 폭넓게 사귀는 것이 좋다.

학교생활을 잘하는 것은 좋은 대학과 직장에 들어가고, 직업학교에 입학하고, 장학금이나 재정 지원을 받고, 그 밖에 독립적인 사람이 되고 인생의 목표를 이루는 데 있어 매우 중요하다. 성적 향상에 동기 부여가 필요하다면 학교에서 여러분이 활용할 수 있는 게 있는지 알아보라. 특정 과목들에 대해 도움을 받을 수 있는 교사가 있는가? 교사에게 성적을 잘 받기 위한 조언을 요청할 수 있는가?

성적은 과제 수행, 과제물 제출 시간 엄수, 시험 성적, 수업 참여도 등 여러 요소가 복합적으로 어울려 만들어내는 결과이다. 따라서 과제를 빼먹거나 하루 늦게 제출하지 마라. 사소해 보이는 과제물이 최종 성적에 영향을 미칠 수도 있다.

: 자산 22 :

학교 참여

**학습에
적극적으로 참여한다.**

여러분은 인생의 12년을 학교에서 보내게 될 것이다. 대학이나 직업학교, 혹은 대학원까지 학업을 계속하게 된다면 기간은 그보다 더 길어질 것이다. 여러분은 그 기간을 교도소에서 보내는 시간으로, 또는 모험을 떠나는 시간으로 여길 수도 있다. 그 시간을 어떻게 보내느냐는 여러분에게 달려 있다. 교사는 영감을 주려 하고 부모는 격려하려 하겠지만, 결국 학교에서 여러분이 얻는 것은 여러분의 태도, 열정, 적극성에 달려 있다.

여러분이 이미 학교에 흥미를 느낀다면 좋은 일이다. 그렇지 않다면 어떻게 해야 흥미를 느낄 수 있을까? 학습이 흥미 있고 재미있는 것이 되려면 어떻게 해야 할까? 아무리 지루하고 끔찍한 수업이더라도 흥미로운 점 하나는 발견할 수 있을 것이다. 그것에 집중하라. 그리고 배운 것을 실생활에 적용하려고 노력하라.

교사들(그리고 부모)에게 학습에 더 적극적으로 참여하고 싶다고 말하고 지원과 제안을 요청하라. 수업 중에 정신을 바짝 차리려고 노력하고 가능하면 앞자리에 앉는 게 좋다. 성실하게 과제를 수행하라. 잘 이해되지 않는 점이 있다면 질문하라. 학급 토론에 참여하고, 특별 과제나 전문가 면담을 통해 과목을 더 깊게 이해하라. 여러분의 호기심을 자극하는 주제들을 조사하라. 학습에 적극적으로 참여할 수 있는 아이디어를 내고 시도해보라. 아마도 잃는 것은 없고 많은 것을 얻게 될 것이다.

: 자산 23 :

과제

**학기 중에 매일
최소한 1시간 이상 과제를 한다.**

문자, 이메일, TV 시청, 친구와 시간 보내기, 과외 활동, 심지어 아르바이트에 앞서 과제를 마쳐라. 만약 과제를 위해 1주일에 최소한 5시간도 할애할 수 없다면 어떻게 해야 할까? 그때는 특정 주제와 관련해 책을 더 많이 읽고, 기술을 익히고, 교과서와 노트를 복습하는 데 시간을 써라. 특히 대학에 진학할 계획이라면 지금부터 과제하는 습관을 들이는 것이 중요하다.

학기 중에 아르바이트를 한다면 일하는 시간을 1주일에 5시간 이하로 줄이고 과제를 하거나 필요한 활동을 하는 데 집중하라.

: 자산 24 :
애교심
학교에 애정이 있다.

여러분이 학교와 상관없는 사람이라는, 다시 말해 학교에 잘 적응하지 못하고 흥미없고 지루하기만 하고 그저 의무적으로 가야 하는 곳일 뿐이라는 생각이 든다면 부모나 교사, 상담교사 등에게 이야기하라. 그런 다음 여러분이 학교에 소속감을 느낄 수 있는 방법을 함께 찾아보라.

이것만큼은 마음에 든다고 생각되는 학교 프로그램이나 활동을 찾아 참여해보라. 아니면 자신이 특히 좋아하는 활동을 찾은 다음, 학교에 그와 관련된 수업이나 동아리가 있는지 알아보라. 흥미 있는 활동이 없다면 직접 만들어라. 기꺼이 지원해주겠다고 나서는 어른 후원자(보통은 교사)를 찾아라. 동아리 계획안을 만들어 교장, 교사, 동아리 관리자에게 제출하라. 승인이 떨어지면 신입 회원 모집을 위해 동아리를 홍보하라.

여러분 자신이나 다른 학생들의 애교심을 높일 수 있는 방법에는 어떤 것이 있는지 브레인스토밍을 하라. 학교 상징을 디자인하고 구호를 만드는 일에 학교 차원의 경연 대회를 개최하는 것은 어떨까? 여러분이 속한 단체나 동호회에서 복도에 걸 감동적인 현수막을 만들 수 있을까? 학교에 지역사회가 알아야 할 좋은 일들이 있었는가? 여러분은 매체에 뉴스 기사를 싣는 일이나 학교 웹사이트 운영을 도울 수 있을 것이다.

여러분의 학교가 애교심 고취에 미온적이라면 지역사회에서 애교심이 강한 학교를 찾아보라. 그들이 어떻게 하는지를 살펴서 교사, 학교 행정가, 학생 대표와 의논하여 여러분의 학교에 적용해보라.

: 자산 25 :
즐거운 책읽기

**1주일에 3시간 이상
즐겁게 책을 읽는다.**

책읽기의 중요성을 간과하지 마라. 책읽기는 여러분의 현재와 미래의 성공에 결정적인 역할을 한다. 더 많이 읽을수록 책읽기 기술은 더 강력해질 것이다. 책을 읽는 사람들은 시험에서 우수한 성적을 거둘 뿐만 아니라, 더 빨리 더 쉽게 읽고 자신이 읽은 것에서 더 많은 정보를 얻는다. 그들은 자신이 이해하지 못하는 것에 관해 더 많이 질문하고, 모르는 단어를 찾아보고, 독서 감상문을 쓴다.

여러분이 아직 즐거운 책읽기 습관을 들이지 못했다면 지금이라도 늦지 않았다. 여러분이 더 알고 싶은 것이 무엇인지 생각해보고 도서관에 가서 사서에게 그 주제와 관련해 책을 찾게 도와달라고 요청하라. 한 권을 다 읽은 다음 다른 책을 또 읽어라. 아니면 관심 있는 주제에 관한 글을 인터넷에서 찾아보라. 1주일에 3시간의 책읽기는 많은 것처럼 들릴지 모르지만, 하루에 26분이 채 되지 않는다(TV를 보거나 인터넷을 하는 시간을 줄이면 된다).

자신과 친구들이 즐겁게 책을 읽도록 자극하고 싶다면 책읽기 동아리를 시작해보는 것도 좋다. 매달 모두가 좋아하는 책 한 권을 정해 읽고 모여 책을 주제로 토론을 한다. 독서감상문을 써 와서 한 사람씩 돌아가며 읽는 것도 좋은 방법이다.

: 자산 26 :

배려

**다른 사람을 돕는 일을
매우 가치 있게 여긴다.**

학교, 이웃, 지역사회에서 다른 사람을 도울 기회는 많다. 그동안 수많은 청소년이 사람들의 삶을 바꿔놓았고, 지금도 바꾸고 있다. 주위를 한번 둘러보라. 아주 세심히 관찰해야 하는데, 어린이와 10대는 남을 돕는 일을 특별한 일로 여기지 않을 뿐만 아니라 별다른 인정을 받지 못할 때가 많기 때문이다.

교사, 청소년 단체 지도자, 종교단체 지도자 등 주변의 어른들에게 세상에 변화를 가져온 아이들이 있는지 알려달라고 요청하라. 그 아이들과 대화를 나누며 왜 그런 행동을 했는지 물어보라. 아마 더 많이 베풀수록 더 많은 것을 얻게 된다는 대답이 돌아올 것이다. 열린 마음으로 기쁘게 나눌 때 존경심이나 자존감, 자부심, 만족감 등을 느낄 수 있다.

다음으로 여러분이 해결하고 싶은 문제를 선택하라. 개인적으로 관심을 끄는 문제를 찾는 것이 좋다. 노숙자를 돕고 싶은가? 배고픈 아이를 돕고 싶은가? 외로운 이웃 때문에 마음이 아픈가? 학대받거나 버림받은 동물이 불쌍한가? 그 문제에 관해 지식을 쌓고 함께 일할 친구들을 모은 다음 브레인스토밍을 통해 아이디어를 내고 계획을 실행하라.

대형 프로젝트를 실행할 준비가 되어 있지 않다면 좀 더 간단한 방법으로 다른 사람을 도울 수 있다. 가족과 친구, 이웃에게 작은 친절을 베푸는 것이다. 다른 사람에게 칭찬이나 좋은 말을 해줄 수도 있다. 친구의 사물함이나 선생님의 책상에 작은 선물이나 마음을 담은 쪽지를 놓아두는 것도 좋다. 누군가에게 미소를 보내는 일은 관심을 표현하는 손쉬운 방법이다. 아파트 엘리베이터 앞에서 같은 층에 사는 이웃을 만났을 때 먼저 인사를 건넬 수도 있다. 남을 배려하는 사람이 되겠다고 결심하면 할 수 있는 일이 무궁무진하다는 사실을 알게 될 것이다.

: 자산 27 :

평등과 사회 정의

**평등을 증진하고
전 세계의 기아와 빈곤을 줄이는 일을 돕는다.**

우리는 모두 세계 시민이다. 전 세계를 망라하는 기술의 발전과 실시간 소통 방식 덕분에 현대인은 전 세계 모든 뉴스를 거의 즉시 알 수 있게 되었다. CNN을 보고, 공영 라디오를 듣고, 신문과 잡지를 읽고, 인터넷을 검색해 전 세계 사람들과 문제들에 관한 정보를 습득하라.

여러분 혼자 전쟁을 막거나 국가를 구할 수는 없지만, 그래도 뭔가를 할 수는 있다. 구호 단체나 인권 기구를 지원하라(국제사면위원회는 가장 오래되고 가장 큰 조직이다). 무주택 가정을 위해 집을 지어주는 국제 봉사단체 해비타트의 지회에 가입해 활동하라. 지역 봉사 기구나 종교단체에서 자원봉사를 하라. 그것이 아무리 작은 노력일지라도 누군가의 삶을, 그리고 여러분의 삶을 크게 바꿔놓을 수 있다.

: 자산 28 :

성실

**자신의 신념에 따라 행동하고
자신의 믿음을 지키기 위해 노력한다.**

여러분은 무엇을 지지하는가? 또 무엇을 지지하지 않는가? 여러분은 자신의 신념과 믿음에 따라 행동하는 사람인가? 그것을 어떻게 확신하는가? 여러분이 중요하게 여기는 덕목의 목록을 작성해보면 알 수 있다. 목록에는 정직, 영예, 신뢰, 진실성, 일관성 같은 것들이 포함될 것이다. 여러분은 이러한 덕목을 가지고 있는가? 그렇다면 이러한 덕목을 어떻게 더 강화할 수 있을까? 혹시 가지고 있지 않다면 이것을 어떻게 형성할 수 있을까?

먼저 여러분이 보기에 성실하다고 생각되는 어른 역할 모델을 찾는 것부터 시작해보자. 그는 '말하는 대로 실천하는 사람'으로, 부모나 교사, 이웃, 종교 지도자, 그 밖에 여러분이 신뢰하는 다른 어른일 수 있다. 함께 시간을 보내면서 그가 어떤 사람인지 알아보라. 그에게 자신의 신념에 따라 행동하기 어려웠을 때 어떻게 했는지 물어보고, 여러분의 고민을 이야기하라.

예를 들어 다음 질문과 같은 방식이다. 언제 말하고 언제 침묵해야 하는지를 어떻게 알죠? 항상 단호한 태도를 지녀야 하나요? 진실하게 행동했다가 곤란해진 경험이 있나요? 자신의 신념과 부모의 신념이 상충할 때 어떤 일이 벌어지나요?

도서관에 가서 성실과 관련된 책을 찾아보거나(필요하다면 사서에게 도움을 요청하라) 인터넷 검색을 해볼 수도 있다. 자료를 찾았으면 읽고 생각해보라. 친구들과 이 주제를 좀 더 탐구해보고 싶다면 여러 명이 같은 책이나 자료를 읽은 다음 대화를 나눠보라.

성실한 사람들, 자신의 신념에 따라 행농하고 자신의 믿음을 지키는 친구들을 곁에 두려고 노력하라. 그렇게 하면 힘든 시기에 서로 든든한 지원군이 되어줄 것이다. 혼자보다는 사람들과 함께할 때 훨씬 큰 힘이 생긴다.

: 자산 29 :

정직

**그렇게 하기 어려운 순간에도
진실을 말한다.**

정직을 중요한 가치로 여기는 친구들과 어울려라. 그들은 숙제를 하지 않는 것에 대해 거짓으로 변명하지 않는다. 부모에게 거짓말하고 다른 곳에 가지 않으며, 험담이나 소문을 퍼뜨리지 않는다. 친구들과 서로 정직하게 행동하려는 노력을 격려하라.

여러분은 또한 개인적으로 진실만을 말하겠다고 결심할 수도 있다. 부모나 교사, 가까운 친구, 청소년 단체 지도자 등 믿을 수 있는 사람에게 여러분의 결심을 말하고 지원을 요청하라. 정직하게 행동하기가 어려울 때 그 사람을 찾아가 조언을 구하라.

여러분이 정직할 때 사람들은 여러분을 신뢰한다. 어른들은 여러분에게 더 많은 특권과 자유를 허용하고, 친구들은 여러분이 믿을 만한 사람이라는 사실을 안다. 사람들은 대부분 정직한 사람을 따르고 존경하기 때문에, 여러분은 좋은 평판을 얻을 수 있다. 따라서 어려운 문제는 줄어들고 안정감과 자신감은 높아져, 더욱 소신껏 행동하게 된다.

: 자산 30 :

책임

**자신의 행동과 결정에
책임을 인정하고 받아들인다.**

여러분은 자기 삶의 모든 분야에서 더 많은 책임을 인정하고 받아들일 수 있다. 그러기 위해서는 먼저 가정에서 더 많은 책임을 받아들이는 방법에 관해 브레인스토밍을 하라. 여러분이 추가로 할 만한 집안일이 있는가? 여러분이 도울 다른 방법이 있는가? 자신의 필요를 충족하기 위해 기꺼이 더 많은 책임을 지겠는가?

혼자 산다면 삶이 어떨지 상상해보는 것도 좋다. 세탁은 누가 할 것인가? 음식 준비는? 방 청소는? 재정 관리는? 학교(또는 일터)에 지각하지 않으려면? 규칙적인 생활은 가능할까? 아플 때는 어떻게 할까? 부모가 여러분을 위해 해준 일은 얼마나 많은가? 여러분은 스스로 얼마나 많은 일을 할 수 있는가?

부모들 대부분은 자녀의 책임 있는 행동을 대견하게 생각하고, 더 많은 특권과 자유로 보상해주는 경향이 있다. 더 많은 책임을 받아들일수록 여러분은 자기 자신을 더 강하고 유능한 사람으로 여기게 될 것이다. 그것은 곧 자기 자신에 대한 권위를 만드는 일이다. 스스로 권위를 가지면 다른 사람도 그 권위를 인정할 수밖에 없다.

: 자산 31 :
절제

**10대로서 성적으로 문란하거나,
음주나 흡연을 하지 않는다.**

성행위, 술, 담배는 유혹적이다. 때때로 자유롭게 성을 즐기고 술이나 담배에 취하고 싶은 욕구를 억누르기가 어려울 것이다. 특히 친구들은 다 하는데 여러분만 하지 않는다면 소외감이 들 수도 있다.

어쩌면 성행위를 통해 자신의 존재를 증명해야 한다고 생각할 수도 있다. 혹은 사랑하는 상대를 붙잡기 위해서 필요하다고 느낄 수도 있다. 어쩌면 여러분의 삶에 마치 아기처럼 여러분에게 완전히 속한 누군가가 있어야 한다고 결정할 수도 있다. 그리고 술과 담배에 호기심을 느낄 수도 있다.

절제에는 용기와 지원이 필요하다. 부모, 교사, 청소년 지도자, 종교 지도자, 그 밖에 여러분이 믿을 수 있는 어른들과 상의하라. 성병과 10대 임신, 음주와 흡연을 하는 아이들이 겪는 문제들에 관한 정보를 수집하라. 자신의 가치에 관해 생각해보고 생각을 명확하게 정리한 뒤 성행위와 술, 담배에 관한 생각이 비슷한 친구들과 이야기를 나눠보라.

절제는 여러분이 자기 자신을 존중하고 통제할 수 있다는 사실을 보여주는 확실한 방법이다. 이미 성 경험이 있거나 음주나 담배를 한 적이 있더라도 여러분은 그러한 행동을 그만둘 수 있다. 아직 늦지 않았다. 절제를 선택한 청소년들은 그러한 선택으로 큰 안도감을 느꼈다고 고백한다. 여러분도 그러한 선택을 하고 결과를 직접 경험해볼 수 있다.

: 자산 32 :

계획과 결정

**미리 계획하고
어떻게 선택하는지를 잘 안다.**

그날그날을 즉흥적으로 살아가는 청소년들이 있다. 자주 중요한 마감이나 약속을 어기고 친구들 모임에 가지 못해도 상관없다면 그렇게 사는 것도 나쁘지 않을 것이다.

계획을 세우는 데 서툴다면 간단한 계획을 세우는 일부터 시작해보라. 매일 해야 할 일 목록을 만들어보라. 가장 중요한 일에 숫자 1을 적는 식으로 각 항목에 숫자를 적어라. 일을 하나씩 끝낼 때마다 그 항목을 지우고, 미처 다 하지 못한 일은 다음 날 해야 할 일 목록으로 옮겨라. 해야 할 일 목록 작성이 어느 정도 익숙해지면 일정 관리 캘린더를 마련하라. 사무용품점에서 저렴한 것으로 구매하거나 온라인 캘린더와 일정계획 도구를 사용해도 된다. 이제 장기 과제, 학교 휴일, 사교 모임, 그 밖에 잊지 말아야 할 일과 앞으로 해야 할 일을 기록한다.

이미 계획을 세우는 일에 능숙하다면 학교 축제나 지역 행사, 종교단체에서 하는 최초의 발표회처럼 규모가 큰 행사의 계획이나 작업을 돕는 데 기술을 활용하라. 이러한 경험을 꾸준히 기록한 뒤 나중에 여러분의 책임과 공헌을 중심으로 한 페이지 분량으로 요약하라. 이러한 일은 그 경험에서 여러분이 무엇을 얻었으며, 앞으로도 같은 방식으로 할지 아니면 다른 방식으로 할지를 명확히 아는 데 도움이 된다. 또한 예비 고용주나 입학 사정관에게 좋은 인상을 줄 수 있다.

여러분이 직접 결정하고 싶은 일들을 포함해 부모가 대신 많은 결정을 해주는 것처럼 생각되는가? 그럴 때는 부모에게 일부 결정을 여러분이 직접 해도 되는지 물어보라. 책임감 있는 태도를 보여준다면 부모는 여러분을 더욱 신뢰하게 될 것이다. 여러분이 감당하기에는 벅찬 결정이 있는가? 신뢰하는 어른에게 도움을 요청하라. 미래의 결정들에 대해 더 많은 확신을 얻을 수 있을 것이다.

: 자산 33 :

대인관계 역량

**친구를 사귀고
우정을 지속하는 법을 안다.**

우정은 대부분 공감과 감성의 토대 위에서 형성된다. 다른 사람에게 필요와 감정이 있다는 사실을 이해하고, 그러한 필요와 감정을 인식하고 거기에 반응할 수 있어야 한다. 공감은 여러분이 다른 사람들로부터 어떻게 대접받기를 바라는지를 결정하는 것에서 출발한다.

여러분은 아마도 어떤 사람을 만나든 배려와 존중을 받기를 바랄 것이다.

그 점을 이해하면 다른 사람들 역시 그렇게 대접받기를 바란다는 사실을 쉽게 이해할 것이다. 불친절하거나 심지어 잔인한 대접을 받았던 경험을 떠올리면 다른 사람을 고통스럽게 하는 말이나 행동을 하지 않겠다고 결심할 수 있다. 마찬가지로 누군가 여러분에게 도움을 주고 힘을 북돋아준 경험을 떠올리면서 다른 사람들에게 손을 내밀고 친절하게 행동하겠다는 다짐을 해보라.

학교나 이웃집이나 교회처럼 여러분이 자주 가는 곳에서 친구를 찾을 수 없다면 지역사회 전체로 범위를 확대해보라. 관심이 있는 동아리나 조직이 있는가? 가입을 고려해보라. 곧 최소한 하나 이상 다른 사람들과 공통된 관심사를 찾을 수 있을 것이다.

미소를 지으며 인사를 건네는 것처럼 단순한 일부터 시작하라. 다른 사람들의 이야기를 묻고 여러분의 이야기도 들려줘라. 같이 영화를 보러 가거나 방과 후 도서관에 가거나 여러분이 하는 자원봉사 일을 돕는 등 사람들에게 여러분과 함께하자고 권하라.

다양한 사람들과 우정을 쌓도록 노력하라. 다양성은 인생을 훨씬 재미있게 만들어준다. 다양성을 인정하고 가치 있게 여기는 태도, 이를테면 친구들의 나이, 민족적 배경, 성, 종교, 인종이 서로 다르면 자연스럽게 그렇게 된다는 편견과 선입견을 없애는 네 꼭 필요한 요소이다.

: 자산 34 :

문화적 역량

**다양한 문화와 인종, 민족적 배경을 지닌 사람들을 알고 있으며
그들과 스스럼없이 어울린다.**

이미 이러한 자산을 갖췄다면, 지금 여러분은 그 혜택을 누리고 있을 것이다. 여러분은 다양한 사람들과 잘 지내고, 다름에 대한 의심이나 두려움이 없으며, 무지와 편견에 제한받지 않고, 다양한 경험을 하는 데 거리낌이 없을 것이다.

세계는 하루가 다르게 더욱 다양해지고 있으므로, 아직 이러한 자산이 없다면 조만간 필요하게 될 것이다. 다음은 스스로 이러한 자산을 쌓는 방법이다.

- 새로운 사람들을 만나고, 여러분과 다른 사람들을 만나기 위해 노력하라.
- 다른 문화, 인종, 민족적 배경을 가진 사람들을 긍정적으로 묘사하는 TV 쇼나 영화를 시청하라.
- 다양한 문화권의 음악을 들어라.
- 다양한 나라의 역사나 풍물을 다룬 기행이나 여행 프로그램을 보아라.
- 다른 문화권에서 온 친구나 이웃에 관해 긍정적으로 말하는 사람들의 말에 귀를 기울여라.
- 다양한 문화권의 사람들에 관해 긍정적으로 묘사한 책이나 이

야기를 읽어라.
- 전통 식당에 가서 식사하거나 가족을 위해 전통 음식을 만들어보라.
- 여러 문화가 섞인 행사에 가족이나 친구와 함께 가보라.
- 다양한 문화, 전통, 유산, 신념 등을 경험해볼 수 있는 학교 수업과 프로젝트를 선택하라.

다름에 관해 배우는 동안 관계 형성의 공동 토대가 되는 비슷한 점도 찾아보라. 그러다보면 인생이 더욱 흥미로워지고, 변화하는 세계에서 성공하는 데 필요한 준비가 더 잘 갖춰지게 될 것이다.

: 자산 35 :

저항의 기술

**부정적인 또래 압력에 저항하고
위험한 상황을 피한다.**

여러분이 절대 하지 않을 일을 결정하려면 먼저 여러분이 무엇을 믿고 왜 믿는지를 분명히 해둘 필요가 있다. 믿을 만한 어른과 여러분의 가치와 신념에 관해 이야기를 나눠보라. 아니면 스스로 목록을 만들어보라. 각 항목에 '나는 ~를 믿는다'는 표현을 사용한다. 그런 다음 전체 목록을 읽으며 수정하고, 마음에 들 때까지 표현을 고쳐라. 이제 무엇을 지켜야 하는지, 무엇에 '아니오'라고 말하고 무엇에

'예'라고 말해야 할지 알 수 있을 것이다.

부정적인 또래 압력에 저항하고 위험한 상황을 피하려면 자기주장의 기술이 있어야 한다. 자기주장을 할 때는 단호하면서도 공손해야 하며, 절대 위협적이거나 비굴한 태도를 보이지 말아야 한다. 차분히 자신의 견해를 밝히고, 괴롭히거나 놀리거나 위협을 하더라도 물러서지 말아야 한다. 예를 들어 다음과 같다. "아니요, 저는 담배를 피우지 않습니다." "아니요, 저는 술을 마시지 않습니다." "아니요, 저는 술 마신 사람의 차를 타지 않습니다. 집까지 다른 방법으로 가겠습니다."

자기주장을 해야 하는 어려운 상황에까지 자신을 몰아넣지 마라. 위험이 별로 크지 않을 때 의견을 말하라. 예를 들어 친구들과 함께 볼 영화를 선택해야 한다면, 여러분이 정말 보고 싶은 영화를 말하라. 대결 양상을 만들지 말고 담담하고 솔직하게 친구들과 의견을 나눠라.

여러분을 위해 나서주고, 여러분의 가치와 신념을 지지해줄 든든한 후원군 세 사람을 생각해둬라. 그들에게, 여러분이 위험하고 불건전한 뭔가를 하도록 유혹이나 압력을 받을 때 연락할 수 있는 안전망이 되어달라고 부탁하라. 늘 그들의 전화번호를 갖고 다녀라. 그리고 친구들에게도 그들의 안전망이 되어주겠다고 제안하라.

∶ 자산 36 ∶
평화적인 갈등 해결
**가능하면 갈등을
평화적으로 해결한다.**

여러분의 학교나 지역사회가 갈등 해결 훈련을 제공한다면 적극적으로 참여하라. 만약 학교에서 또래 중재자 프로그램을 운영한다면 거기에 서명하라. 평화로운 갈등 해결 방법에 관한 모든 것을 배워라. 그리고 그것을 나이 어린 아이들에게 가르쳐라.

여러분은 여러분 자신만의 갈등 해결 기술을 갖출 수 있다. 과거에 중대한 갈등에 휘말렸던 순간을 생각해보는 것부터 시작하라. 무엇에 관한 갈등이었는가? 여러분은 그 상황을 어떻게 보았는가? 다른 사람의 의견은 어떠했는가? 여러분은 갈등을 평화롭게 해결했는가? 그랬다면 왜 그랬고, 그러지 못했다면 그 이유는 무엇인가? 비슷한 갈등이 생긴다면 이번에는 다르게 행동할 것인가? 미래의 갈등을 예방하는 데 도움이 될 만한 것을 배웠는가?

가족과 친구들과 함께 갈등을 해결하는 방법에 관해 역할극을 해보라. 다른 사람에 대한 비난 없이 여러분이 원하고, 필요하고, 느끼는 것을 말하는 습관을 길러라. 갈등으로 번지기 전에 문제를 말하도록 노력하라.

'나~ 전달법'을 활용하는 법을 연습하라. "너는 날 너무 화나게 해" 또는 "그건 네 잘못이야" 또는 "넌 그러지 말았어야 해" 또는 "너는 항상 그런 식이야"라고 말하는 대신 "나는 ~하면 ~때문에 ~해.

나는 네가 ~하면 좋겠어"라고 말하라. 예를 들어 "나는 네가 같이 영화를 보기로 해놓고 늦으면 영화의 앞부분을 놓치기 때문에 화가 나. 난 네가 늦지 않도록 노력했으면 좋겠어"와 같은 방식이다.

또한 상대의 말을 잘 들어주는 사람이 되어라. 상대가 이야기할 때는 그 사람을 바라보며 그가 무엇을 말하고 있는지 파악하라. 중간에 말을 자르지 않도록 조심하되, 더 알고 싶은 점이 있으면 질문하라. 상대의 말만 잘 들어도 갈등의 상당 부분이 해결된다.

: 자산 37 :
개인적 역량

**일어나는 많은 일을
스스로 통제할 수 있다고 믿는다.**

개인적 역량이 있을 때 여러분은 자기 자신에 대해 안정감을 느끼고 스스로를 확신하게 된다. 여러분은 자신에게 선택권이 있고, 결정을 내릴 수 있다는 사실을 안다. 통제할 수 있는 일과 그럴 수 없는 일을 분명히 알고 있다.

개인적인 역량이 있을 때 뭔가 좋은 일이 일어나면 여러분은 '그냥 좀 운이 좋았을 뿐이야'라고 생각하지 않는다. 여러분은 자신이 그렇게 되도록 만들었다는 사실을 안다. 좋은 성적은 그저 얻어지는 것이 아니다. 훌륭한 우정은 저절로 생기는 것이 아니다. 여러분이 성적을 올리고, 우정을 쌓은 것이다.

반대로 뭔가 나쁜 일이 일어나면 '그건 내 잘못이야. 난 정말 형편없는 사람이야'라고 생각하지 않는다. 대신 상황을 개선하기 위해 자신이 할 수 있는 긍정적인 방법에 집중한다.

삶에서 너무 많은 일이 다른 사람한테 통제당하고 있다는 생각이 든다면 그 문제를 해결하기 위해 나설 수 있다. 여러분에게 영향력을 행사하는 부모나 교사 등에게 여러분에게 더 많은 선택권을 허용할 수 있는지 물어보라. 그리고 선택을 하게 되면 그것을 끝까지 지켜라. 말한 것을 실천하라. 그러한 행동은 여러분이 다른 사람들의 신뢰를 얻을 만큼 책임감 있고 성숙하다는 것을 보여준다. 그러다보면 스스로 더 많은 선택을 할 기회가 주어진다.

: 자산 38 :

자존감

자신을
긍정한다.

스스로 자신에게 보내는 메시지인 자기 대화는 자존감에 큰 영향을 미칠 수 있다. 실수했을 때 여러분은 자신에게 어떻게 말하는가, "별 거 아니야. 사람은 누구나 실수를 해"라고 말하는가, 아니면 "어쩌면 이렇게 멍청할 수가 있지? 내가 이 일을 했다니 믿을 수가 없군"이라고 말하는가? 어떤 일에 성공했을 때 "좋았어! 내가 해냈어!"라고 말하는가? 아니면 "더 잘할 수도 있었는데"라고 말하는가? 두 가지

예에서 전자는 자존심을 살려주는 대화이지만, 후자는 자존심을 훼손하는 대화이다.

　자신에 대해 부정적인 생각이 들 때마다, 다시 말해 자기 대화로 기분이 나빠질 때마다 그것을 긍정적인 생각으로 바꾸려고 노력하라. 즉시 그 일을 하라. 한결 기분이 좋아질 것이다. 그뿐만 아니라 성공한 사람들에게서 공통으로 발견되는 자기 긍정의 습관을 형성하게 될 것이다.

: 자산 39 :

목적의식

**인생에
목적이 있다고 믿는다.**

여러분은 자신의 인생에 목적이 있다고 믿는가? 그렇다면 여러분은 이미 중요한 자산 하나를 가진 셈이다. 선택과 행동을 통해 그 자산을 계속 강화하라. 목적에 주의를 집중하고, 그 누구도 그 어떤 것도 여러분의 주의를 흩뜨려놓지 못하게 하라. 동시에 사람과 목적은 변할 수 있다는 사실을 명심하라. 더는 자신에게 맞지 않는 꿈과 목표에 매달리지 마라.

　만약 인생에 목적이 있다는 생각이 들지 않거나 목적이 뭔지 알 수 없다면 조용히 생각할 시간을 가져라. 스스로 자신에게 무엇이 가장 중요한지 물어보라. 매일 무슨 일을 할 때 설레었는가? 꿈은 무엇인가? 재능은 무엇인가? 관심사는 무엇인가? 무엇에 열정을 느끼는가? 앞으로 5년 후 어떤 사람이 되고 싶고, 어떤 일을 하고 싶은가? 10년 후에는? 평생 한 가지 일만 할 수 있다면 어떤 일을 하고 싶은가?

이러한 질문은 여러분이 목적을 발견하는 데 도움이 된다. 여러분이 목적을 가지고 있기 때문이다. 모든 사람은 목적을 가지고 있다. 그래도 여전히 확신할 수 없다면, 왜 사는지 아무리 해도 이유를 알 수 없다면, 여러분이 믿고 존경하는 어른과 대화를 나눠보라. 인생에서 강한 목적을 가진 것처럼 보이는 사람을 찾으려고 노력하라. 그리고 그 사람에게 여러분이 느낀 것을 설명하고, 목적을 찾는 데 도움과 지원을 요청하라.

: 자산 40 :
미래에 대한 긍정적인 전망

**자신의 미래를
긍정적으로 생각한다.**

미래를 생각하면 어떤 그림이 떠오르는가? 미래의 여러분은 행복한가, 아니면 슬픈가? 행복하게 일하고 있는가, 아니면 미치도록 지겨워하는가? 건강하고 애정이 넘치는 관계를 맺고 있는가, 아니면 외로운가?

연구 결과, 자신이 인생의 목적을 향해 나아가고 있다고 생각하는 사람일수록 실제로 그렇게 될 가능성이 높다는 사실이 밝혀졌다. 목적을 이룰 가능성이 높다는 뜻이다. 스스로 긍정적인 미래를 그리는 일이 중요한 이유이다. 바라고 꿈꾸는 것을 어떻게 이뤄야 할지 모른다 하더라도 그것을 마음으로 그리려고 노력하라. 희망이 여러분에게 영감을 주고 이끌 수 있게 하라.

스스로 긍정적인 미래를 만드는 한 가지 방법은 여러분 자신의 긍정자산을 계속 쌓아나가는 것임을 명심하라. 지금까지 계속 '10대를 위한 조언'을 읽어왔다면 여러분은 자신에게 이미 어떤 자산이 있고, 어떤 자산을 얻으려고 노력해야 하는지 알 것이다. 자산은 많을수록 좋다.

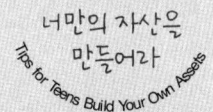

옮긴이 **유영희**

대학에서 영문학과 철학을 공부했다. 의료기기 회사와 금융회사를 거쳐 현재 전문 번역가로 활동하고 있다. 번역서에 《디아블로 3: 호라드림 결사단》《슬로우 뉴스》《세스 고딘의 시작하는 습관》《에밀리의 비밀의 방》《리더의 조건》《빛 속에 숨다》《뉴스의 종말》《인포그래픽 세계》 등이 있다.

아이의 긍정자산 만들기

초판 인쇄 | 2014년 10월 10일
초판 발행 | 2014년 10월 25일

지은이 | 피터 벤슨, 주디 갤브레이스, 패멀라 에스펠란드
옮긴이 | 유영희
발행인 | 정은영
책임편집 | 한미경
디자인 | 유경희

펴낸곳 | 마리북스
출판등록 | 2007년 4월 4일 제 2010-000032호
주소 | 121-904 서울시 마포구 월드컵북로 400 문화콘텐츠센터 5층 21호

전화 | 02)324-0529, 0530
팩스 | 02)324-0531
인쇄 | 영신사

ISBN 978-89-94011-46-2   13590

*이 책은 마리북스가 저작권자와의 계약에 따라 발행한 것이므로 본사의 허락 없이는 어떠한 형태나 수단으로도 이용하지 못합니다.
*잘못된 책은 바꿔드립니다.
*가격은 뒤표지에 있습니다.